SAMMLUNG GÖSCHEN BAND 1039

ZEITUNGSLEHRE

I. BAND

THEORETISCHE UND RECHTLICHE GRUNDLAGEN · NACHRICHT UND MEINUNG · SPRACHE UND FORM

von

DR. PHIL. EMIL DOVIFAT
em. o. Professor der Publizistik an der Freien Universität Berlin

4., neubearbeitete Auflage

WALTER DE GRUYTER & CO.
vormals G. J. Göschen'sche Verlagshandlung · J. Guttentag, Verlagsbuchhandlung · Georg Reimer · Karl J. Trübner · Veit & Comp.
BERLIN 1962

Inhalt des 1. Bandes

Inhalt des 2. Bandes

ZEITUNGSLEHRE UND ALLGEMEINE PUBLIZISTIK

Die *Zeitungslehre* ist ein Teil der *„Allgemeinen Publizistik"*. Sie gehört in diese wissenschaftliche Disziplin, so wie die *Zeitung* praktisch zu den publizistischen Mitteln gehört, zu den „mass media", den „communication media", wie sie das Ausland nennt.

Kraft ihrer Wirkung, ihrer Tradition und ihrer öffentlichen Aufgabe steht die Zeitung unter diesen Mitteln an einem hervorragenden Platze. Sie behauptet diesen Platz auch neben den anderen, jüngeren publizistischen Mitteln, neben dem Film, dem Rundfunk und Fernsehen, durch die wiederum ein altes klassisches Mittel der Publizistik, die Rede, an Bedeutung und Wirkungsweite gewonnen hat.

Alle diese Mittel, und die Zeitung unter ihnen, gehen ihren Weg durch die *Öffentlichkeit*. Von ihr (publice = öffentlich) hat die Publizistik ihren Namen. Alle diese Mittel sind „öffentlich bewirkt" in ihrer Erscheinung und „öffentlich bedingt" in ihrem Inhalt: so die Zeitung durch die unbegrenzte Öffentlichkeit, die sie sucht und anspricht und durch ihren Nachrichtendienst, der öffentlichen Interesses ist und den Lesern die Grundlage jeder politischen Entscheidung bietet. Darüber hinaus nimmt die Zeitung Stellung zu allem öffentlichen Geschehen, ob sie nun den Nachrichtenstoff entsprechend auswählt und darbietet oder im Leitartikel, der Glosse, der Kritik und in jeder Art von Kommentaren in die politische Meinungs- und Willensbildung unmittelbar eingreift. Sie spricht immer Gesinnungen an — gute oder böse — und leitet über sie zu Überzeugungen. Im aktiven Tun und Handeln finden die dann ihren Ausdruck. Sie bleiben also nicht nur Meinungen. Damit erst ist der publizistische Vorgang eindeutig vollzogen, durch öffentlich bedingte und öffentlich bewirkte Unterrichtung und Leitung über Gesinnungskräfte zu Überzeugung und zu Tun und Handeln hinzulenken[1]).

[1]) vgl. Dovifat, E., „Publizistik" in: Universitas Litterarum, Berlin 1956 S. 329 ff.

In der Zeitungslehre wird uns nun die Öffentlichkeit in all ihren Erscheinungsformen fortlaufend begleiten. In ihr und durch sie erhält die Zeitung kraft ihres breiten Wirkens ihren öffentlichen Auftrag. Sie erhält ihn aus der Natur der Sache! Verantwortlich oder unverantwortlich kann sie sich seiner annehmen.

DIE ZEITUNG IM ÖFFENTLICHEN LEBEN

Im öffentlichen Leben der freien Welt ist die Zeitung somit ein Mittel sachlicher Unterrichtung und unabhängiger Meinungsbildung. Sie ist ein Organ der Demokratie, deren Aufstieg sie immer mitbestimmt und deren Niedergang sie immer mitverschuldet.

Totalitäre Systeme haben die Zeitung in ihrem Wesen umgekehrt. Sie haben aus ihr unter dem Vorwande volksgemeinschaftlicher Verpflichtung ein „Führungsmittel" diktatorischer Staatsgewalt gemacht[1]). Oder sie brauchen die Presse monopolistisch als „operatives Mittel", als „Organisator und Agitator" einer Einheitspartei[2]). Diese gewaltsame Wende kann hier nicht dargestellt werden, sie wird nur im Vergleich herangezogen. Daß die totalitäre Presse als skrupellose Angriffswaffe unkontrollierter Gewalten gefährlich werden kann, sei nicht unterschätzt. Die beste Abwehr ist immer eine freie Presse von wirklicher innerer Unabhängigkeit, aber auch von wahrhaftigem, überzeugendem Wert, ein Zeitungswesen, das sich seines öffentlichen Auftrages bewußt bleibt und nicht der Versuchung aller Mittel der Massenführung in der freien Welt verfällt — im Wettbewerb des Auflagen- und Anzeigengeschäftes — seine eigentliche Aufgabe zu vergessen.

---

[1]) Eine verhältnisbedingt aus Zitaten gearbeitete Darstellung des Pressesystems im Hitler-Regime ist in der 2. Auflage dieser Bände gegeben, mit den negativen Vorzeichen zwischen den Zeilen, die damals verständlich waren, aber heute aus dem Zusammenhang gerissen oft mißverstanden werden. Vgl. auch Bd. II S. 67.

[2]) Das sowjetische Pressesystem ist dargestellt im Handbuch „Die Deutsche Presse 1961, Zeitungen und Zeitschriften", Berlin 1961.

I. TEIL

Die Einheit des Zeitungsunternehmens

1. Einheit der Kräfte

Die Zeitung steht *frei* im öffentlichen Leben. Sie erfüllt eine *öffentliche Aufgabe.* Nach diesen Grundtatsachen entwickelt sich das Zeitungswesen der freien Welt aus einer publizistischen Gesinnung. Sie ist unterschieden in Ursprung und Richtung. Sie mag sich erfüllen in sauberer und sachlicher Nachrichtenarbeit oder politisch und weltanschaulich kämpfend. Oft verbindet sie beides zu einer charaktervollen Einheit. Die Zeitung kann sich auch in niedriger, profitsüchtiger Sensationsmache überschreien. Auch dann zeigt sie Gesinnung, eine negative allerdings. Ob nun positiv oder negativ, was immer umstritten ist, jede Zeitung zeigt eine Gesinnungshaltung. Sie ist in ihrer Natur begründet und der Maßstab ihres eigentlichen Wertes.

Es gibt mehr als hundert Begriffsbestimmungen der Zeitung. Je erschöpfender sie sind, um so unverständlicher werden sie. Bringt man ihre zahlreichen Kennzeichen rein äußerlich auf einen letzten Nenner, so kann man sagen:

Die Zeitung vermittelt jüngstes Gegenwartsgeschehen in kürzester regelmäßiger Folge der breitesten Öffentlichkeit.

Jede dieser drei Aufgaben steht im letzten Steigerungsgrad. Das heißt, jedes dieser Merkmale wird gänzlich verschieden sein nach Zeit und Ort, nach Zahl, Nachrichtenbedarf und geistiger Lage der Leserschaft, nach der Schnelligkeit des Nachrichtenlaufes, der graphischen Vervielfältigung und den wirtschaftlichen Möglichkeiten des Verlages. Jede der drei Aufgaben ist durch diese politischen und wirtschaftlichen Gegebenheiten stark beeinflußt worden. So haben sich Zeitungstypen sehr verschiedener Art herausgebildet. Näher betrachtet werden sie uns zu einer ergänzten Begriffsbestimmung führen, die dann auch der öffentlichen Aufgabe der Zeitung gerecht wird (vgl. I S. 53).

Zunächst werden die drei Hauptaufgaben im allgemeinen betrachtet.

a) Jüngstes Gegenwartsgeschehen

Jüngstes Gegenwartsgeschehen (Aktualität) zu vermitteln ist die Aufgabe der Zeitung. Diese Aufgabe prägte das Wort Zeitung. In seiner angelsächsischen Wortwurzel heißt: „getidan“, sich zutragen, sich abspielen. Es steckt immer allerjüngstes, dramatisches, allgemeininteressierendes Geschehen darin. Seine ganze sprachgeschichtliche Entwicklung zeigt das. Schon der ältere niederdeutsche Begriff „tidung“ und das spätmittelhochdeutsche „zidung“ strahlten überall eine erregende, neuigkeitstragende Kraft aus, längst ehe man an die Verbreitung der Mitteilungen jüngsten Zeitgeschehens durch Satz und Druck dachte. Oft wird er auf Kampf- und Reiseberichte angewandt. Ein Sensationsbericht aus der Schlacht bei Murten vom Jahre 1476, dem Vers und Melodie des Volksliedes die moderne Vervielfältigungstechnik ersetzen, beginnt mit dem Verse:

„Die Zeitung flog von Land zu Land/
„Vor Murten liegt Burgund/
„Und jeder eilt fürs Vaterland/
„Zu streiten mit Burgund/.

So war die Bedeutung des Wortes Zeitung mit dem Begriff „Nachricht“ gleichzusetzen (vgl. S. 54). Doch ist dieses Wort blässer und späteren Ursprungs. Als jüngstes Zeitgeschehen zum erstenmal durch Schrift und Druck Verbreitung fand, erhielten solche ersten aktuellen Fixierungen den Namen „Zeitung“. Wer Nachrichten suchte und zur schriftlichen oder gedruckten Verbreitung brachte, der hieß „Zeitunger“, eine nicht im Kurs gebliebene Berufsbezeichnung. Auch andere Sprachen zeigen, schon in der Wortwurzel des Begriffes erkennbar, daß neues und jüngstes Geschehen verbreitet werden soll. Davon zeugen die im Englischen üblich gewordene Bezeichnung: „News“ („newes“, „news letters“, „news writers“) und das französische „nouvelles“, „nouvelliste“. Auch der andere romanische Sprachstamm „Diurnale“, „Diario“, „Giornale“, „Journal“ zeigt die Verbindung mit dem „Tag“, dem Zeitabschnitt, der vor Erfindung elektrischer Nachrichtenmittel für die gewöhnliche Nachrichtenübermittlung das *kürzeste* Zeitmaß war. Denn darauf kommt es an. Es liegt im Wesen der Zeitung, immer das allerjüngste Gegenwartsgeschehen zu vermitteln. Daher steht auch heute noch, wenn es sein muß, die „Sonderausgabe", das „Extrablatt" neben der alltäglichen Zeitung, so wie früher die „Extra-Ordinari-Zeitung" neben der „Ordinari-Zeitung". Die Zeitung läßt sich in dieser schnellsten Übermittlung letzten Gegenwartsgeschehens aus allen Lebensgebieten von keinem geschriebenen Nachrichtenmittel schlagen. Zwar kann der *Rundfunk* aktueller arbeiten, ist aber als rein akustisches oder — im Fernsehen — sichtbares Mittel vorübergehend und so von anderer Wirkung (Begriff Rundfunk s. S. 14). Diese schnellste Übermittlung *allgemeinen* Zeitgeschehens ist auch das wichtigste Unterscheidungsmerkmal gegenüber der *Zeitschrift.* Die Zeitung unterhält einen Nachrichtendienst mit der Aufgabe *allgemeiner,* d. h. universeller Tatsachenberichterstattung aus allen Lebensgebieten (Begriff der „Zeitschrift" vgl. S. 13). Die Zeitung geht ganz und gar auf die schleunigste Übermittlung neuester Nachrichten aller Art aus, wenn auch die absolute Schnelligkeit der Veröffentlichung immer von ganz bestimmten technischen, geistigen und wirtschaftlichen Voraussetzungen abhängig ist. Maßgebend bleibt in jedem Falle der Wille, daß sie jüngstes, das heißt — unter den obwaltenden Voraussetzungen — das erreichbar jüngste Zeitgeschehen aller Lebensgebiete verbreitet durch die ihr eigenen schnellarbeitenden Mittel der Vervielfältigung.

Sofort erhebt sich jetzt die Frage: warum — nach dieser Forderung — die Zeitung nicht unmittelbar immer dann erscheint, wenn die Nachrichten einlaufen, was bei der heutigen Nachrichtentechnik eigentlich fortwährend geschieht. Hier zeigt sich die enge Bindung des ersten Merkmales der Zeitung an die beiden anderen. Die Zeitung erscheint in einer gewissen Regelmäßigkeit, die zwar durch den Drang, jüngstes Zeitgeschehen zu berichten, in kürzester Folge vor sich zu gehen hat, aber darin an eine Reihe weiterer Voraussetzungen gebunden ist.

b) Kürzeste, regelmäßige Folge

Weil die Zeitung in kürzester, regelmäßiger Folge (Periodizität) erscheint, ist sie „der Sekundenzeiger der Weltgeschichte" (Schopenhauer). Dieses Bild trifft zu. So wie der Sekundenzeiger auf dem Zifferblatt den mit bloßem Auge gerade noch sichtbaren Zeitabschnitt in immer gleicher Regelmäßigkeit überspringt und ihn durch scheinbares Verweilen auf dem Sekundenstrich begrenzt, so erscheint die Zeitung — und darin unterscheidet sie sich vom Flugblatt und dem Plakat — in einer Regelmäßigkeit, die so *kurz* ist, wie es die Technik der Nachricht, der Vervielfältigung und der Verbreitung sowie deren wirtschaftliche und geistige Voraussetzungen zulassen. Auch hier kann somit keine absolute Angabe willkürlich gesetzt werden. Nur bei außerordentlichen Nachrichten wird — im Dienste der Aktualität — die Regelmäßigkeit des Erscheinens einmal unterbrochen (Extrablatt). Denn in dieser Regelmäßigkeit ruht ein gut Teil der Bindungen, die den Leser mit der Zeitung verknüpfen und auf denen sich in weitem Maße nicht nur die geistige Wirkung, sondern auch die wirtschaftliche Kraft der Zeitung aufbauen. Sie hat die Regelmäßigkeit ihres Erscheinens erst dann durchführen können, als die Nachrichtenquellen in einem gewissen Rhythmus flossen, d. h. seit Einführung eines regelmäßigen Postdienstes. In diesem Sinne heißt die Post mit Recht die „Mutter der Zeitung". Erst die Regelmäßigkeit und der Rhythmus des Erscheinens verbanden die Zeitung eng mit der Lebensgewohnheit des Menschen. So wurden die einzelnen Leser durch die Zeitung Angehörige einer durch gleiche Aufmerksamkeit gebundenen Gruppe. Sie gab der Zeitung ihr *„Publikum"*. Der Leser erwartet die Zeitung. Er ist gespannt und aufnahmebereit. Die Zeitung kommt immer wieder, und sie kommt zur gleichen Stunde. So kann sie z. B. in allen Dingen der Meinungswerbung aus ihrer inneren Natur heraus eines der ersten Gesetze jeder Werbung, auch der politischen Werbung, anwenden: das Gesetz der hämmernden d. h. der immer erneut vorgenommenen Wiederholung. Dieses Gesetz aber gilt nicht nur für die redaktionell beeinflußte Meinungsbildung, es kommt ebenso der *Anzeigenwirkung* und damit der wirtschaftlichen Seite der Zeitung zugute.

An sich hat jede Zeitung das Bestreben, die regelmäßigen Erscheinungsfristen so kurz wie möglich anzusetzen. Sie ist aber dabei nicht nur von der Stärke des Nachrichtenzuflusses abhängig, sondern ebenso von der Aufnahmefähigkeit und dem geistigen Interesse des Leserkreises, den Kosten des Druckes und der Verbreitung. Landzeitungen pflegen zuweilen im Sommer weniger häufig als im Winter zu erscheinen, weil die Sommerarbeit in der Landwirtschaft zur Lektüre eines *täglich* erscheinenden Blattes weniger Zeit läßt. Auch Gründe des Preises, des Anzeigeneinganges u. a. m. halten manche Blätter zurück, so häufig zu erscheinen, wie der Nachrichtenstrom es ihnen an sich ermöglicht. Nur wenige im Boulevardstil mit großem Straßenverkauf kalkulierte Blätter, vor allem in England und Amerika, können es sich erlauben, mit immer neuen, stundenweisen Ausgaben auch in der Veröffentlichung mit dem Tempo des Nachrichtenzustroms Schritt zu halten. Die *„kürzeste Frist"* ist im allgemeinen also nur in bezug auf andere, mit der Regelmäßigkeit des Erscheinens zusammenhängende Bedingungen zu verstehen. Zu den geistigen treten wirtschaftliche und technische Bedingungen, die die Erscheinungsfrist bestimmen. Sie ist auch sehr wesentlich abhängig von der Breite der Öffentlichkeit, an die das Blatt herankommt. Bedeutsam ist daher das dritte und letzte Wesensmerkmal.

c) Breiteste Öffentlichkeit

Der breitesten Öffentlichkeit vermittelt die Zeitung das jüngste Zeitgeschehen. Sie verleiht ihm Publizität. Theoretisch ist diese Öffentlichkeit für die Zeitung unbegrenzt. Ihre Weite kann überhaupt nicht genug ausgedehnt werden. Das ist ein entscheidendes Merkmal der Zeitung, die Quelle der tausendfältigen Beziehungen, die sie mit allen Lebensgebieten verbindet. Das ist die Ursache auch für die sehr ernst zu nehmenden, den Typ der Zeitung prägenden Beziehungen zur *Staatsgewalt.* Die Größe dieser Öffentlichkeit bleibt daher in der allgemeinen Begriffsbestimmung beweglich. Sie ist abhängig von der Bevölkerungsziffer, der Aufnahmebereitschaft der Masse, der Werbewirkung des Blattes, seiner geistigen Richtung, seinem politischen Wollen, seiner Aufmachung, seinem Preis und von vielem anderen mehr. Unerläßlich aber bleibt, daß *jeder ungehemmt die Zeitung lesen und ihren Inhalt aufnehmen kann.* Vereins„zeitungen“ sind niemals Zeitungen. Politische Wochenblätter ohne universellen und aktuellen Nachrichtendienst sind ebenfalls keine „Zeitungen“, mögen sie sich auch so nennen. Ebensowenig sind Briefe oder Korrespondenzen Zeitungen, auch wenn sie regelmäßig erscheinen und höchst aktuell sind. Kann nicht jeder in den Empfängerkreis treten, ist dieser Kreis irgendwie begrenzt, ist ein universeller Nachrichtendienst nicht gegeben, so darf von „Zeitungen“ nicht gesprochen werden.

Die Möglichkeit, eine breiteste Öffentlichkeit zu erreichen, darf übrigens bei der Zeitung nicht nur latent vorhanden sein. Die Zeitung muß vielmehr aus sich heraus immer wieder versuchen, ihren Absatzkreis, die Breite der Öffentlichkeit, in der sie wirkt, soweit als möglich zu stecken. So wie sie immer allerjüngstes Zeitgeschehen zu fassen und darzustellen sucht, strebt sie auch zu einer immer größeren Öffentlichkeit. Gerade daraus hat die Zeitung im Laufe ihrer Geschichte eine Zahl von Aufgaben entwickelt, die heute in die Reihe ihrer Wesensmerkmale einbezogen werden. Zu ihnen gehört vor allem die *Universalität des Inhaltes.* Sie bedeutet nichts anderes als die Anpassung an die Vielfalt der Interessen vieler. Daher die Einbeziehung *aller* Lebensgebiete in die Zeitung, von der großen Weltpolitik bis zum Kochrezept, vom religiösen Jenseitsproblem bis zum Flecktilgungsmittel. Hier liegt, wie bereits hervorgehoben, auch die wesentlichste Unterscheidung der Zeitung von der *Zeitschrift*, die immer einem umgrenzten Stoffgebiet (Fachzeitschrift, Unterhaltungs-,

Börsen-, Politische, Kinder-, Kunst-, Literaturzeitschrift usw.) oder bevorzugt einer bestimmten *Stoffdarbietung* — z. B. durch das Bild („Illustrierte") — dienstbar ist. Niemals bringt eine Zeitschrift einen aktuellen Nachrichtendienst *universellen* Inhaltes, so aktuell auch die *fachlichen* Nachrichtendienste z. B. täglich erscheinender Fachzeitschriften, die regelmäßig Kurs- oder Preisnotierungen bringen, auch sein mögen[1]). Die Zeitung hingegen handelt gerade in ihrem Nachrichtendienst in bewußter Anwendung der Weisheit Goethes: „Wer vieles bringt, wird manchem etwas bringen." Der gleiche Trieb hat nicht nur die Nachrichtenstoffe ständig vermehrt und sie dem Bedarf angepaßt, er hat auch die Zeitung in den bewußten *Meinungskampf* hineingeführt, mit dem sie in ihren ersten Anfängen nur eine sehr mittelbare Fühlung hatte, der sie aber, als es der Gang der Zeit forderte, oft mit hitzigstem Tageskampf erfüllte. Auch die *Unterhaltung* ist in die Zeitung gekommen, um ihre Öffentlichkeit zu erweitern, d. h. Leser zu werben, denen an unterhaltenden und bildenden Aufgaben gelegen ist. Vom Unterhaltungsteil ist immer durch Belehrung, Beratung, Briefkasten, Preisausschreiben erfolgreichste Massenwerbung ausgegangen. Der Wille zur breitesten Öffentlichkeit hat schließlich im Dienste der Zeitung auch die *mechanischen Vervielfältigungsmittel* (Druck usw.) immer schneller, billiger und leistungsfähiger gemacht (vgl. II, S. 125). Die Mobilisierung all dieser Kräfte entstammt also dem dritten Grundmerkmal der Zeitung, dem Willen, breitester Öffentlichkeit dienstbar zu sein.

---

[1]) Für die *Zeitschrift* ergibt sich die folgende Begriffsumschreibung: „Die Zeitschrift ist ein fortlaufend und in regelmäßiger Folge erscheinendes Druckwerk, das einem umgrenzten Aufgabenbereich oder einer gesonderten Stoffdarbietung (Bild, Unterhaltung) dient.

Sie bestimmen ihre Öffentlichkeit, ihre Tagesbindung, ihren Standort, die Mannigfaltigkeit ihres Inhalts und die Häufigkeit ihres Erscheinens". Neuerdings haben sich über den Zeitschriftencharakter hinaus auch in Deutschland *Bilderzeitungen* entwickelt. Sie sind dann in der Allgemeinheit und Aktualität ihres Stoffes *Tages*zeitungen geworden (in USA sogenannte „Tabloids"). Zeitungen sind auch solche Sonntagsblätter (nicht die politischen Wochenblätter), die einen *allgemeinen* Nachrichtendienst bringen, ebenso die Montagsblätter. Beide Typen treten meist in eine von der täglich erscheinenden Zeitung gelassene Erscheinungslücke.

Die oft als Wesensmerkmal der Zeitung bezeichnete *gewerbsmäßige Herstellung* ist für die moderne Presse so zu verstehen, daß erst durch eine fachlich zweckmäßige, kaufmännisch tüchtige, wirtschaftliche Leitung auch die publizistische Rufweite und sachliche Unabhängigkeit gewährleistet sind. In Übersteigerung dieser Notwendigkeit gibt es Zeitungen, die *nur* Erwerbsunternehmen geworden sind. Andere wiederum, vor allem Kampf- und Gesinnungsblätter, lebten um ihrer Aufgabe willen wirtschaftlich oft lange als Zuschußunternehmen. Hier bot der Gewerbebetrieb zwar den wirtschaftlichen Rahmen, ein Gewinn aber blieb meist aus oder mußte sofort wieder in den Betrieb gesteckt werden. Viele verantwortungsbewußt geführte Zeitungen stellen die geistige und gemeinwichtige Aufgabe über den geschäftlichen Erfolg. Das aber verlangt eine saubere und ergiebige Wirtschaftsführung. Sie ist eingeordnet in das geistige Gesamtziel der Zeitung. Auch hier also wirkt die wirtschaftliche mit der geistigen Seite zu einer höheren Einheit zusammen und leitet über zu der Aufgabe der Zeitung, ihrer *öffentlichen* Aufgabe.

Man kann einwenden, daß die allgemeine Begriffsbestimmung der Zeitung auch auf den *Rundfunk* zutreffe. Auch er vermittelt Nachrichten, sogar in oft wesentlich kürzerer Folge als die Zeitung. Niemand wird auch leugnen, daß die Hörer, die z. B. innerhalb der Deutschen Bundesrepublik und Westberlins vor den 16 Millionen Empfangsgeräten sitzen, eine „breiteste Öffentlichkeit" darstellen. Und doch kann der Rundfunk die Leistung der Zeitung nicht übernehmen. Seine ihm wesensgemäße Aufgabe ist das unmittelbare Erleben durch das akustische Mittel. („Rundfunk heißt Miterleben"). Aber weder dieses Erleben noch die vom Rundfunk geleistete zeitungsverwandte Übermittlung von Nachrichten, ist für den einzelnen Hörer festzuhalten, weiter zu verbreiten, zu überblicken, aufzulesen, überzulesen, auszulesen. Auch fehlt dem Rundfunk die im Block gegebene Darbietung des Nachrichtenstoffes, also in einer übersichtlichen, inhaltlich das Wesentliche auch graphisch markiert herausgeholten Form. Es ist daher auch selbstverständlich, daß nach Erstmeldungen des Rundfunks von Ereignissen großen aktuellen Interesses sofort ein Ansteigen der Nachfrage nach der Zeitung folgt, deren Auflage im ganzen auch durch die imponierende Rundfunk- und Fernsehentwicklung nicht gesunken ist (vgl. II S. 123).

Der Rundfunk — wenigstens in der in der Bundesrepublik gegebenen überparteilichen Form und Haltung einer Körperschaft öffentlichen Rechts — lebt aus der natürlichen Verpflichtung, allen meinungsmäßigen Auffassungen nebeneinander das Wort zu geben. Er ist ein Träger des der freien Demokratie innewohnenden *Pluralismus.* Die im Grundgestz (Art. V) gewährleistete Freiheit der Nachricht und Meinung bewährt er weniger in der Polemik als vielmehr in der Vielfalt des Nebeneinander der verschiedenen Auffassungen. Die Zeitung hingegen besitzt die volle individuelle Freiheit und ungebundene Entschiedenheit des Meinungskampfes. Was für den Rundfunk gilt, gilt ebenso für das *Fernsehen.* Seine großartige Möglichkeit, den Zuschauer zu einem — wenn auch subjektiv gesteuerten — „Augenzeugen" zu machen sei nicht geschmälert, aber auch die Fernsehsendung, der Bildleidenschaft der Gegenwart ganz dienstbar, führt vom bewegten Bild zum stehenden, zum „ruhenden" Bild zurück, dem aktuellen Bild der Zeitung. Ebenso neigt dann der Zuschauer auch dem ruhigen, deutenden und wertenden Text der Zeitung zu, in Zustimmung oder im Gegensatz zu den flüchtig im Ohr haften gebliebenen Kommentaren des Fernsehens[1]). Die Einwirkung auf die Öffentlichkeit, ebensowohl wie die Verbreitung und die fortdauernde Wirkung, ist also bei der Zeitung entscheidend anders geartet als beim Rundfunk, der im Fernsehrundfunk (wie auch im Film) zwar auch Bilder

---

[1]) vgl auch *Springer,* Axel, Presse und Fernsehen, Vortrag auf der Tagung des Zeitungsverlegerverbandes 1961 ZVuZV Jahrg. 61 Nr. 20 S. 970. Die neuere Tendenz geht auch in Deutschland dahin, die beiden großen publizistischen Mittel Presse und Rundfunk und Fernsehen in eine publizistische Zusammenarbeit zu bringen. In USA ist dies der Fall, ebenso auch in Japan mit seinem hochentwickelten Pressesystem. „Eine Zeitung ohne Rundfunk und Fernsehen ist ein Vogel ohne Flügel. Ein Rundfunk und Fernsehunternehmen ohne Zeitung ist eine Rakete ohne Radar." (Japanischer Leitspruch) Vgl auch Dovifat, E., Handbuch der Auslandspresse Köln, 1960 S 17 f

gibt, die aber ebenso flüchtig wie der Ton vorübergehen und nicht festzuhalten sind[1]).

Die Öffentlichkeit der Zeitung, die in der Bundesrepublik und in Westberlin 1961 aus der Gesamtauflage von 19,8 Millionen[2]) zu ermessen ist, hält auch ziffernmäßig den Vergleich mit dem Rundfunk und seinen rd. 16 Millionen Empfangsgeräten aus. Wesentlich für die Unterscheidung ist der stärkere Nachrichtencharakter der Zeitung, der alle übrigen Zeitungsaufgaben beeinflußt und durchdringt. In der Unterrichtung und öffentlichen Meinungs- und Willensbildung schafft die Zeitung eine eigene, nur durch sie mögliche, publizistische Leistung. Rundfunk und Film üben sie anders nach ihrer Natur und Wesensart. In dieser Unterscheidung sind beide im öffentlichen Leben nicht mehr wegzudenken. Die öffentliche Meinungs- und Willensbildung, im Gange des 19. Jahrh. und bis zum 1. Weltkrieg weitgehend von der Zeitung bestimmt, unterliegt somit heute dem ständigen Einfluß auch der jüngeren Medien der publizistischen Unterrichtung und Leitung.

d) Die drei Hauptaufgaben und ihre Vereinigung

Wer Mitteilungen über jüngstes Gegenwartsgeschehen der breitesten Öffentlichkeit in kürzester regelmäßiger Folge verbreitet, leistet zweifellos eine *geistige Aufgabe*, die auch von politischem Wollen erfüllt ist. Die Zeiten sind vorbei, in denen man glaubte, Nachrichten würden gehandelt wie Kartoffeln und Heringe, seien eine Ware wie jede andere, und es sei möglich, sie in chemisch gereinigter Objektivität zu geben. Heute erkennt man die politische Bedeutung auch der rein technischen Nachrichtensammlung und Formung (vgl. S. 59). Es steht fest, daß um die Nachricht und aus der Nachricht die ganze Zeitung ebenso in ihrem politischen

---

[1]) Eine Massenbefragung über das Ausmaß politischer Bildung hat ergeben, daß von den Ununterrichteten und Schlechtunterrichteten die Mehrzahl ihr Wissen aus den Rundfunknachrichten, die Gut- und Besser-Unterrichteten aus dem Rundfunk *und* der Zeitung nahmen. Vgl. Bericht über eine Erhebung des Institutes für Demoskopie 1948/51, Z. V. 1953 Nr. 1/2 S. 103 ff.

[2]) vgl. „Die Deutsche Presse" 1961 S. 82*.

Wollen wie in ihrem vielfältigen Leben und der Universalität ihres Inhalts gewachsen ist und wächst. *Die Zeitung erfüllt eine öffentliche Aufgabe.* Diese Aufgabe sollte das erste und das entscheidende sein. Dazu bedarf die Zeitung wirtschaftlicher und technischer Kräfte. Will sie das jüngste Gegenwartsgeschehen schnell und in kürzester regelmäßiger Folge berichten, so bedarf sie des *wirtschaftlichen* Nährbodens. Es muß ein Unternehmen aufgebaut werden, das wirtschaftlich klug, zweckmäßig und ergiebig geführt ist. Eine Zeitung braucht heute, will sie die Öffentlichkeit überhaupt erreichen, große wirtschaftliche Mittel. Ihre wirtschaftliche Struktur ist auf zwei Einnahmequellen aufgebaut. Sie erhält *Bezugseinnahmen* von denen, die sie lesen (vgl. II, S. 119). Sie erhält *Anzeigeneinnahmen* von denen, die das durch die Zeitung geweckte öffentliche Interesse für private Mitteilungen nutzen. Das zeigt auch die kaufmännische Seite des Zeitungsunternehmens. Damit tritt also — oft der geistigen Aufgabe untergeordnet, manchesmal auch sie profitsüchtig überwältigend — die wirtschaftliche Kraft in Erscheinung. Ihr gleichgeordnet und imponierend aufgewachsen mit Rufweite und Verbreitung der Zeitung tritt die *Technik* als dritte in den Kreis der gestaltenden Kräfte (vgl. II, S. 107). So wie die Post an der Wiege der Zeitung stand, ist jede Verbesserung oder Beschleunigung der Nachrichtenmittel ihr dienstbar gewesen, oder ist von ihr kräftig vorwärts getrieben worden. Vom Postwagen bis zum Blitz- und Bildfunk hat die Zeitung alle Nachrichtenmittel in ihren Dienst gestellt. Vom träg umständlichen Bogendruck der alten Gutenbergpresse hat sie die Technik der *Vervielfältigung* zu immer neuen Höchstleistungen hinaufgetrieben. Vom rufenden Straßenverkäufer bis zum Flugzeug hat sie alle Mittel der *Verbreitung* für sich eingespannt. In ihrem vielfältigen Verbreitungs-, Herstellungs- und Verteilungsverfahren begleitet die Technik auf allen Wegen rastlos die Zeitung; sie erfaßt und beeinflußt auch ihre geistige Seite. Bestimmte Zeitungstypen hat die Nachrichtentechnik sogar entscheidend geprägt.

Es wirken also drei Kräfte untrennbar in der Zeitung: geistige, wirtschaftliche, technische. Keine kann die andere entbehren. Daß die geistige Kraft herrsche, ist die Auffassung jedes verantwortungsbewußten Zeitungsmannes. Daß sie aber keineswegs immer ein Übergewicht hat, beweist eine lange und in manchem schmerzliche Zeitungsgeschichte. Das Verhältnis der drei Kräfte zueinander prägt den *Typ* der Zeitung. Kämpft ein Blatt in leidenschaftlichem Überzeugungswillen mit allen Kräften für ein politisches Ziel, vernachlässigt es dabei zunächst die wirtschaftliche Seite des Verlages, und hält es sich auch bei der technischen Ausstattung zum Anfang nicht lange auf, um zunächst nur den publizistischen Willen durchzusetzen, so spricht man von einer *kämpfenden Gesinnungspresse.* Nahezu alle politischen und weltanschaulichen Bewegungen des 19. Jahrhunderts sind durch solche Zeitungen in die Öffentlichkeit vorgestoßen; ebenso haben die totalitären Bewegungen (Faschismus, Nationalsozialismus, Kommunismus) sich ihrer bedient und dabei den Niedergang liberaler Staatsformen und die Lähmung demokratischen Lebens ausgenutzt, zunächst oft illegal oder aus der Emigration (Lenins „Iskra“, Stalins „Prawda“, Mussolinis „Popolo d'Italia“, Hitlers „Völkischer Beobachter“). Doch sind die meinungsbildenden Kräfte totalitärer Mächte weniger in der Zeitung zu suchen, als in anderen Mitteln einer mit Suggestion und Terror verbundenen geistigen Gewalttätigkeit. Bevorzugung des *Technischen* aber, Pflege und Betonung allerjüngster Nachrichten und Zeitberichte, Aufmachung mit allen graphischen Mitteln an Form, Farbe, Bild und Zeichnung, schleunigste Verbreitung an die Leserschaft, die schon auf der Straße angesprochen wird (Zeitung im Direktverkauf, sogen. „Boulevardblatt“), haben den überwiegend nachrichtenbestimmten Typ, haben das *Nachrichtenblatt* geschaffen. Drittens kann die Zeitung aber auch vom rein Wirtschaftlichen her aufgebaut werden. Sie kann dann z. B. vom *Anzeigengeschäft* ausgehen und die hier zu erschließende Geldquelle immer reicher fließen lassen. Der Textteil wird dann nur dem einen Bestreben dienstbar sein, eine denkbar größte Bezieherziffer zu erreichen und so den höchsten Anzeigenpreis zu erzielen. Solche Zeitungen tragen dann mit Recht den Namen *Geschäftszeitungen* (vgl. I, S. 44). In der wirtschaftlichen und technischen Entwicklung hat dieser Typ seine Verdienste, in der Gesinnungsführung hat er oft versagt und seine meinungsbildende Kraft verloren[1]).

Die rechte Vereinigung der geistigen, technischen und wirtschaftlichen Kräfte im Dienste ihrer öffentlichen Verpflichtung befähigt die Zeitung zu ihrer freien, demokratischen Aufgabe. Sie entwickelt auch hier verschiedene Typen: große politische Zeitung, volkstümliche Massenzeitung (mit oder ohne politischem Bekenntnis), Heimatzeitung, Straßenverkaufszeitung (Boulevardblatt) und andere mehr. Ihre Gründung und ihr Wirken vollziehen sich frei nach den Gesetzen der Demokratie, die in allen demokratischen Staaten verfassungsmäßig verankert sind[2]). Diese Freiheit ist zunächst gegen Eingriffe der Staatsgewalt zu behaupten. Gegen sie war die alte liberale Pressegesetzgebung vor allem gerichtet (Vereinigte Staaten, Verfassung von 1787, Menschenrechte der französischen Revolutionsverfassungen, der Freiheitsartikel der Bundesverfassung von 1848, der Reichsverfassung, des Reichspressegesetzes von 1874). Die Pressefreiheit ist heute ebenso zu schützen gegen Bedrohungen von innen her durch die organisierten wirtschaftlichen und sozialen Mächte des öffent-

[1]) vgl Dovifat, E „Die Deutsche Zeitung 1953/54" mit einer Darstellung der pressepolitischen Voraussetzungen des Zusammenbruchs der Demokratie 1933 in „Die Deutsche Presse 1954", S. 45 ff. Karl Bucher pflegte sarkastisch die Geschaftszeitung zu definieren als „ein Geschäftsunternehmen, das Anzeigenraum als Ware erzeugt, den es durch Beigabe eines redaktionellen Teiles absetzbar macht" Neuere Entwicklungen haben einen Zeitungstyp geschaffen, der ganz ortlich gebunden, einen ortlichen Anzeigenteil vor allem verbreitet und redaktionell keinen *allgemeinen* Nachrichtenteil, sondern nur dessen örtliche Ausschnitte wiedergibt, verbunden mit Unterhaltungsstoff Solche *„ortlichen Anzeiger"* erscheinen in der Bundesrepublik 177 mit einer Gesamtauflage von 770 000 Stück, vgl Die Deutsche Presse 1961, S. 22*

[2]) vgl Artikel 5 des Grundgesetzes der Deutschen Bundesrepublik Ähnliche Verfassungsgrundsätze in der Verfassung Bayerns, Art 110, Westberlins, Art 8, Hessens, Art 11, Nordrhein-Westfalens, Art. 9, Baden-Württembergs, Art 9, vgl Luders, C H , Presse- und Rundfunkrecht, Berlin und Ffm. 1952. Ebenso auch im § 1 des „Modellentwurfes für ein Landespressegesetz", vgl. Tätigkeitsbericht des „Deutschen Presserates" 1960, Godesberg 1961.

lichen Lebens, denen selbstverständlich das Recht gegeben ist, sich *öffentlich* mit der Presse auseinanderzusetzen. Im freien Kampf der Meinungen ist auch die Presse nicht geschützt vor Polemik und Kritik gegen ihre eigene Arbeit. Schließlich ist aber die Presse, als bevorzugtes Mittel der freien Meinungsbildung zu schützen gegen Gefahren, die ihr durch eigenen Mißbrauch ihrer Freiheit oder politischen Selbstmord (Kampf gegen die demokratischen Freiheiten) erwachsen. Dazu ist sie in den letzten Jahren den Weg der Selbstverwaltung, der Selbstkritik und -kontrolle gegangen (siehe Bd. II S. 151). Die Sicherung ihrer Freiheit und ihrer öffentlichen Aufgabe ist für sie und für die Demokratie lebenswichtig und unerläßlich.

2. Die öffentliche Aufgabe — die publizistische Durchführung

Ist die Freiheit der Presse innerhalb des allgemeinen Menschenrechtes der Meinungsfreiheit von Anfang an Grundsatz aller demokratischen Verfassungen, so ist die Erkenntnis der *öffentlichen Aufgabe* der Presse wesentlich später gekommen. Noch später kam die Einsicht, daß diese öffentliche Aufgabe besondere Rechte verlangte und Pflichten in sich schloß[1]).

In der Praxis der Rechtsprechung wurde z. B. dem Redakteur, der vor Gericht das Redaktionsgeheimnis wahrte, ein Zeugniszwangsverfahren auferlegt. Er erhielt, obgleich es doch seine Aufgabe ist, öffentliche Interessen zu wahren, dafür nicht den Schutz des § 193 des Strafgesetzes, der die „Wahrung berechtigter Interessen" nur für private Interessen gelten ließ. Wie wenig noch um die Jahrhundertwende die öffentliche Aufgabe der Presse anerkannt war, wie sehr sie ihr dann aber aus ihrer öffentlichen Wirksamkeit zuwuchs, zeigt das Börsengesetz von 1896, das in seinem § 76 der Presse zur Pflicht macht, börsenbeeinflussende Nachrichten zeitig, unabhängig und zuverlässig zu

---

1) vgl Hirsch, E E: Ziele und Aufgaben eines Pressegesetzes des Bundes in „Die Deutsche Presse 1954", Berlin 1954

bringen. Dies ist die erste gesetzliche Festlegung eines öffentlichen Auftrags, einer öffentlichen Pflicht der Presse[1]). Im Vorschlag eines Journalistengesetzes, das der Reichsverband der Deutschen Presse, damals (1924) die Orgnisation der deutschen Journalisten, vorlegte, heißt es dann zum ersten Male: „Der redaktionelle Teil der Zeitung dient *öffentlichen Interessen*“[2]). Der Gesetzentwurf des Deutschen Journalistenverbandes von 1954 hat diese Forderung (§ 3) wieder aufgenommen. Er ist heute unangefochten Grundsatz aller Gesetze, Gesetzentwürfe, tariflichen und sozialen Abmachungen innerhalb der Presse[3]).

Diese gesetzliche Anerkennung und Sicherung der Freiheit und der öffentlichen Aufgabe der Presse zeitigt eine Reihe von Folgerungen:

1. Zur Wahrung der *äußeren Freiheit der Presse:* Es gibt keine Zensur, aber auch keine wirtschaftlichen, verwaltungstechnischen oder steuerlichen Bestimmungen, die einseitig gegeben, diese Freiheit einschränken (Stempelsteuer, Anzeigensteuer, politisch geübte Papierzuteilung usw.). Die Freiheit der Zeitungsgründung und die Freiheit des Zugangs zur Pressearbeit muß gewahrt sein.
2. Zur Wahrung der *inneren Freiheit der Presse:* Schutz gegen nicht öffentlich vollzogene aber mittelbar geübte Lebensbedrohung durch Kapital- oder Kollektivmächte (Verbände, Interessenten, Machtgruppen), Aufkauf, Anzeigenentzug, Boykott. Gesetzlicher Schutz gegen Be-

---

1) Posse, Ernst „Über Wesen und Aufgabe der Presse“, Tübingen 1917. Die Arbeit eröffnet den Kampf für die Anerkennung der öffentlichen Aufgabe der Presse.

2) „Deutsche Presse“, 1924, Heft 2.

3) Selbst in dem von der Öffentlichkeit abgelehnten Entwurf eines Bundespressegesetzes von 1952 heißt es: „Das Zeitungswesen erfüllt eine öffentliche Aufgabe“. Ähnlich im Bayerischen Pressegesetz; Bayern: Gesetz über die Presse vom 3. 10. 1949 (§ 3), Baden-Württemberg: Gesetz Nr. 1032 über die Freiheit der Presse vom 1. 4. 1949 (§ 1, Abs. 2). Da — nach Scheitern eines Bundespressegesetzes — der Weg über allgemeine, den Landespressegesetzen genügende Bedingungen versucht wird, ist von einer Dreierkommission der Länderinnenminister ein „Modellentwurf für ein Landespressegesetz“ ausgearbeitet worden (letzte Fassung vom 19. 5. 60, Stellungnahme des Presserates vom 4. 7. 60, vgl. Tätigkeitsbericht des Presserates 1960 S. 42 ff.). Im § 1 dieses Modellentwurfes heißt es: „Die Presse ist frei, sie dient der freiheitlichen Demokratie.“

einflussungsformen durch aktive oder passive Bestechung und Nötigung.

3. *Klarheit und Durchsichtigkeit der inneren Struktur der Presse* vor der Öffentlichkeit sollte, da die Zeitung öffentliche Interessen zu wahren hat, selbstverständlich sein. Wer würde etwa in einer öffentlichen Versammlung einen Diskussionsredner anhören, der eine Maske trägt. Daher ist in einigen jüngeren Pressegesetzen die Offenlegung der Besitzverhältnisse vorgeschrieben. Diese nach 1945 in Pressegesetzen geforderte Offenlegung der Besitzverhältnisse[1]) ist in der jüngeren Entwicklung wieder zurückgetreten[2]).
4. Schutz des *privaten und persönlichen Lebens* vor einem nicht aus öffentlichen Gründen gebotenen Eindringen der Presse. Diese heute vielfach auch in Gesetzentwürfen geforderte Bestimmung[3]) ist die natürliche, den öffentlichen Rechten der Presse entgegengestellte Pflicht und Grenze[4]) der Pressearbeit. Da sie für sich das Recht der Öffentlichkeit fordert, hat sie das Recht des Privaten, des Persönlichen oder der Intimsphäre besonders zu wahren. Ein Gegensatz zwischen den Artikeln I des Grundgesetzes („Die Würde der Menschen ist unantastbar. Sie zu achten und zu schützen ist Verpflichtung aller staatlichen Gewalt") und Artikel V (Pressefreiheit und Freiheit der Berichterstattung unter den „Schranken der

---

[1]) So in: Hamburg: Gesetz über die Selbstverwaltung d. Presse vom 3 10. 1949 (§ 7); Hessen: Hessisches Gesetz über Freiheit u. Recht d Presse vom 23 6. 1949 (§ 5); Nordrhein-Westfalen· Gesetz über d. Berufsausubung von Verlegern, Verlagsleitern u. Redakteuren vom 17 11 1949 (§ 2) sowie in allen Gesetzentwürfen der Presse selbst Vgl *„Die Entwürfe* der deutschen Verleger- und Journalistenverbände für ein Pressegesetz", Stand Mai 1954, hrsg. vom Verein Deutscher Zeitungsverleger e V Wiesbaden

[2]) In dem Modellentwurf für ein Landespressegesetz ist eine Offenlegung der Besitzverhältnisse nicht mehr vorgesehen.

[3]) Schutz der „schutzwürdigen Interessen" von Privaten Entwürfe: a. a. O S. 4

[4]) Ausnutzung des Wissens von privaten Vorgängen in erpresserischer Form durch Androhung einer Veröffentlichung in einem Presseorgan, das sich für sein Schweigen dann hoch bezahlen läßt, bezeichnen wir — da ein klarer Fall von Erpressung vorliegt — als *„Revolverjournalismus"* Er ist der schlimmste Mißbrauch des öffentlichen Auftrages der Presse Neuerdings erlebt er verfeinerte, aber ebenso verwerfliche Nuancen

allgemeinen Gesetze ... und dem Recht der persönlichen Ehre") entsteht dann nicht, wenn der Eingriff der Presseberichterstattung in das Recht der persönlichen Ehre nur vorgenommen wird, wenn ein öffentliches Interesse die Behandlung von Vorgängen der „Intimsphäre" notwendig macht. Niemals aber sollte das geschehen, um aus Sensation, krasser Unterhaltung und niederem Klatsch eine Auflagensteigerung damit zu gewinnen[1]) (vgl. auch den § 6 des „Modellentwurfes" von 1960).

5. Schutz des *Rechtes der persönlichen Ehre* gegen Verunglimpfungen, wenn nicht ein höherwertiges Interesse der Öffentlichkeit vorliegt[2]).
   Die Punkte 4 und 5 schützen also den privaten Lebensbereich vor dem sogenannten „moralischen Hausfriedensbruch".
6. Grundsätzliche *Auskunftspflicht der Behörden* und aller öffentlichverantwortlichen Stellen gegenüber der Presse, damit eine sachliche Unterrichtung der Öffentlichkeit gewährleistet ist[3]).

Diese Grundbedingungen in Rechten und Pflichten sind Voraussetzungen, um dem öffentlichen Auftrag der Presse Geltung und Wirkung zu geben. Sie können durch Gesetz, durch Abmachung der Beteiligten im Sozialvertrag (Tarifrecht) oder durch berufsständische Vereinbarungen (Selbstverwaltung, Selbstkontrolle, Berufsgerichtsbarkeit, Presserat, siehe II S. 149) fortentwickelt und angepaßt werden.

---

[1]) Das Problem hat zu lebhaften öffentlichen Diskussionen und zu einem Gesetzentwurf geführt: „Gesetz zur Neuordnung des zivilen Persönlichkeits- und Ehrenschutzes" (Bundesratsdrucksache 217/1959 S. 2 ff.). Der Justizminister sah in bestimmten Mißständen eines Teiles der Presse die Notwendigkeit einer gesetzlichen Regelung (vgl. Rede des Justizministers Schäffer, Bulletin 25. 3. 1958). In Kreisen der Presse fand der Entwurf Ablehnung, vgl. *Löffler,* M. Persönlichkeitsschutz und Meinungsfreiheit, München 1959. Zur Behebung der Mißstände wurde auf die *Selbstdisziplin* der Presse (i. Presserat) verwiesen. Vgl. *Dovifat, E.* Pressefreiheit und Schutz der Ehre und Intimsphäre, Veröffentlichung der Universitätstage 1959, Freie Universität Berlin.

[3]) S. a. Hirsch, a. a. O. S. 44.

[2]) Im Modellentwurf für ein Landespressegesetz vom 19. 5. 60 lautet der § 4: „Die Behörden sind verpflichtet, der Presse in Angelegenheiten von öffentlichem Interesse die gewünschten Auskünfte zu erteilen. Vgl. auch Hessisches Gesetz über die Freiheit der Presse vom 23. 6. 49 § 3 und Bayrisches Gesetz über die Presse vom 3. 10. 49 § 4. Beide sind günstiger formuliert.

Die Aufgabe der Presse ist somit öffentlich bedingt und öffentlich bewirkt. Sie leistet also eine echte *publizistische Aufgabe* (s. S. 53).

Sie beginnt bei der Nachrichtenarbeit. Die Zeitung gibt dadurch ihren Lesern eine Grundlage für ihre politische Entscheidung und bestimmt damit ihr Tun und Handeln. Es setzt sich fort in der Deutung und Beurteilung aller Vorgänge des öffentlichen Lebens, von der großen Politik bis in die Kleinwelt der Gemeindearbeit. Vom bedeutenden kulturellen Ereignis bis zur volkstümlichen Unterhaltung erfaßt die Zeitung auch alle geistigen Ereignisse des öffentlichen Lebens, alle in der Öffentlichkeit und durch sie bestimmten und bewirkten Vorgänge (vgl. Die journalistische Arbeit S. 28). Die verlegerische Leistung im engeren Sinne schafft dieser publizistischen Aufgabe die wirtschaftlichen und technischen Voraussetzungen. Durch sie wird der öffentlichen Aufgabe und der Rufweite ihres Wortes das breite allgemeine Interesse wachgerufen und wachgehalten. Die *Zusammenarbeit von Verleger und Redakteur* schafft das publizistische Werk der Zeitung.

3. Die journalistische (redaktionelle) Arbeit

Der Journalist sammelt, sichtet und verarbeitet Nachrichten von öffentlichem Interesse. Schon diese sehr äußerliche Begriffsbestimmung zeigt die journalistische Arbeit mitten im lebendigen Strom der Zeit und beweist ihre Bindung an den Tag, der dem Journalisten seinen Namen gegeben hat.

Das Fremdwort „Journalist" ist in die Alltagssprache eingebürgert. Das alte Wort „der Zeitunger", obgleich wiederholt vorgeschlagen und vom alten Sinn Zeitung = Nachricht abgeleitet, hat keinen Kurswert mehr. „*Zeitungsschreiber*" trägt einen unangenehmen und höhnenden Klang. „*Tagesschriftsteller*" will mit dem wenig angenehmen und trägen Wort des „*Schrift-stellers*" nicht zu der schnellen, im Druck des Augenblicks zielklaren Arbeit passen. Die Tätigkeit des Journalisten ist älter als Schrift und Zeitung und wird die Zeitung so lange überleben, wie überhaupt von menschlichem Gemeinschaftsleben gesprochen werden kann. Immer hat es Menschen gegeben, die Nachrichten sammelten und sich mit ihrer Verbreitung nützlich zu machen verstanden (vgl.

Wesen der Nachricht, S. 54). Der Weg des Journalisten führte durch dürftiges soziales Dasein und gedrückte gesellschaftliche Stellung (17. und 18. Jahrh.) zu großem Einfluß im 19. Jahrhundert. Seine gesellschaftliche und politische Wertung aber war immer umstritten, bis auch er sich — erst sehr spät — unter den Ständen der geistigen Arbeit über alle meinungsmäßigen Gegensätze hinweg seine berufliche Organisation schuf (vgl. S. 45).

Die oben festgelegte äußere Begriffsbestimmung der journalistischen (redaktionellen) Arbeit gibt auch bereits ihre innere Gliederung. Sammelt der Journalist Nachrichten, so ist er Reporter. Sichtet er sie, so ist er Redakteur (Schriftleiter). Verarbeitet er sie, so ist er publizistischer Schriftsteller, Leitartikler, Kritiker usw. In großen Blättern sind diese Aufgaben oft äußerlich getrennt, in kleinen und kleinsten dagegen von einer Person geleistet. In jedem Falle sind sie nicht scharf zu trennen. Im lebenden Fluß der Dinge gehen sie immer ineinander über.

Erste und älteste journalistische Aufgabe ist die *Nachrichtensammlung*. Ihr Träger ist der Reporter. Ihr Ergebnis ist entweder die knapp gefaßte, Tatsachen festlegende *Nachricht* (Form und Fassung vgl. S. 120), der in engster Fühlung mit den Tatsachen und ihrem Ablauf beschreibende *Bericht* und schließlich die auf Grund eigener gestaltender Darstellung gegebene *Reportage* (Erlebnisbericht).

Die Begriffe „Reporter" und „Reportage" stammen aus dem anglo-amerikanischen Zeitungswesen, wo gute Reportage zu Millionenauflagen führte. Wesen der Reportage ist die temperamentvolle, lebensnahe, stark persönliche und *erlebte* Darstellung eines Ereignisses. Im Gegensatz zum „Berichterstatter", der mehr passiv die Dinge aufnimmt und gewissenhaft zu Papier bringt, gibt der Reporter aus eigener Überschau seinen sachlich im einzelnen erarbeiteten, aber doch auch persönlichen Gesamteindruck. Das eigene, betont herausgearbeitete *Erlebnis* prägt seinen Bericht. Berichterstatter werden ausgesandt, wenn die Ereignisse da sind. Reporter erwarten sie nicht erst, sondern sie schaffen sich das Ereignis, über das sie berichten, vielfach selber Reisereportage). Mindestens sehen sie es ganz in ihrer Art und verarbeiten es zur selbständigen Darstellung (Sportgroßreportage, soziale Reportage, Bildreportage). Diese persönliche Eigenarbeit kann und wird durch den Begriff des „Berichterstatters" niemals gedeckt werden. Wollen wir der stark persönlichen, „erlebten" Natur der Reportage gerecht werden, so nennen wir sie „Erlebnisbericht".

Der *Erlebnisbericht* (die Reportage) bleibt die ureigenste Aufgabe des Journalisten. Er hat in kurzer Frist unbedingt zuverlässig, ja gewissenhaft und möglichst vollständig die Tatbestände eines für die Öffentlichkeit wichtigen Ereignisses zu überschauen und so darzustellen, daß der Leser mitgeht, miterfaßt, miterlebt. Die Parole heißt: „Heran an das Ereignis!" Aus seiner packenden Wirkungskraft und Nähe gewinnt die Darstellung Spannung und Plastik, treten die beteiligten Menschen persönlich dem Leser nahe, gestalten sich die Dinge in anschaulicher Vorstellung. Jeder gute Journalist, auch wenn er längst in großer und führender publizistischer Stellung ist, bleibt immer ein guter Reporter. Je beweglicher er mit dem jüngsten Zeitgeschehen in unmittelbarer Fühlung bleibt, je inständiger und aufgeschlossener er sich vor allem der Tiefenwirkung erregender Ereignisse widmet, um so besser wird seine Leistung sein. Neben dem Gesinnungscharakter jeder Zeitungsarbeit bleibt der herrschende Einfluß allerjüngsten Zeitgeschehens und seiner erlebnisbewegten Darstellung erstes Wesensmerkmal der echten journalistischen Leistung.

Das *Interview,* das journalistische Gespräch zum Zwecke unmittelbarer Unterrichtung durch auskunftswillige und interessante Persönlichkeiten, ist oft geübt, aber selten gekonnt. Der Fragende hat nicht nur die Auskunft des Befragten (sogenanntes offiziöses Frage- und Antwortinterview) herauszuholen, sondern ebenso dessen Persönlichkeit und die Atmosphäre des Gespräches festzuhalten. Er muß den Stil des reportagemäßigen Tatsachenberichtes beherrschen, treffend sehen und anschaulich darstellen können. Das Bild des Befragten muß er vor uns hinstellen und er muß die Kunst beherrschen, ihn zu möglichst ergiebiger Auskunft zu veranlassen. „A vehicle of news" nennt der Amerikaner das Interview.

Der Journalist *sichtet* Nachrichten von öffentlicher Bedeutung. Darin liegt die Vielfältigkeit der Arbeit des Redakteurs (Schriftleiters). *Der Redakteur organisiert und regelt die Stoffbeschaffung, sichtet und bearbeitet das eingehende Material, gibt es zur Veröffentlichung weiter und hat den Zeitungsinhalt politisch und auch rechtlich zu verantworten.* Seine Aufgabe heißt ordnen und gestalten. Nicht so sehr im Schreiben als im zeitigen und erfolgreichen Herholen und Anregen liegt sein Können. Einen eigenen, arbeitsfrohen und ideenreichen Mitarbeiterkreis heranzuziehen und die Leitung der gesamten Redaktion in fester Hand zu halten, das ist seine Aufgabe. (Chefredakteur vgl. II, S. 8). Auch die eigentliche redaktionelle Technik in der Alltags- und Kleinarbeit ist eine Kunst für sich. Es gilt, aus erdrückendem Stoff das Wichtigste herauszugreifen. Spröde Dinge müssen zugänglich, verwirrte Texte klargemacht und dunkle durchleuchtet werden. In der schnellsten Entwicklung zeitlichen Geschehens gilt es, das *letzte* Ereignis festzuhalten und in eine zum Lesen zwingende Form zu bringen. Dabei ist aber immer von der Gesamtaufgabe der Zeitung auszugehen und in verantwortungsbewußter Sorgfalt auszuwählen. Redigieren heißt „Platz schaffen für Wesentliches" (Stampfer). Der Redakteur, bei größeren Blättern der Umbruchredakteur, gibt der Zeitung auch das typographische Bild. Er wird damit der „Schöpfer der Auslage", der Anordner des ganzen Stoffes nach dessen Wert und der Aufgabe des Blattes. Er ist nicht nur der Regisseur der Zeitung, er spielt in ihrem Spiel die führende Rolle und muß mit journalistischer Begabung am Werke sein, auch dann, wenn er nie eine Zeile schreibt. Er hat ein Höchstmaß von selbstbeschaffter, angeregter, freier und schöpferisch gewonnener Eigenarbeit der Redaktion und ihres Mitarbeiterstabes zustande zu bringen. Die Aufgabe, seinen Leserkreis ganz zu erfassen, sein Vertrauen und seine Zuneigung zu gewinnen und dabei dem geistigen Ziele der Zeitung gerecht zu bleiben, das ist der Beruf des Redakteurs. Unter den totalitären Systemen ist der Redakteur, wie z. B. im Hitler-Regime, in beamtenähnlicher Stellung[1]),

---

[1]) vgl. *Schmidt-Leonhardt, H.:* „Das Schriftleitergesetz vom 4. Oktober 1933", Berlin 1934, S. 35.

oder er arbeitet in sowjetischem Stil nach „Schwerpunktdirektiven" des zentralen Presseplanes der Abteilung „Agitation und Propaganda" des Politbüros der SED[1]).

Unter der demokratischen Pressefreiheit liegt auch die *gesetzliche Verantwortung* für den Inhalt des redaktionellen Teils beim Redakteur. Inwieweit auch der Verleger in diese gesetzliche Verantwortung einbezogen wird, bleibt der Neuordnung des deutschen Presserechts vorbehalten. Neuordnungen auf Länderebene, z. B. in § 7 des Hessischen Pressegesetzes, haben den „verantwortlichen Redakteur" unter bestimmte rechtliche Voraussetzungen gestellt und insbesondere festgelegt, daß er rechtlich zu belangen und nicht, z. B. als Parlamentarier, immun sein darf, worüber das alte Pressegesetz von 1874 noch nichts bestimmt hatte. Der Modellentwurf für ein Landespressegesetz vom 19. 5. 60 verlangt für den „verantwortlichen Redakteur", daß er „unbeschränkt strafrechtlich verfolgt werden kann".

Über die rein rechtliche Auswirkung der „Verantwortlichkeit" hinaus ergibt sich aber auch die öffentliche und allgemeine Bedeutung des Begriffes *„Verantwortung"*. Er zeigt die gesinnungsmäßige Natur aller Pressearbeit. Verantwortung tragen bedeutet „ethische Aneignung unseres Tuns". Der Begriff fordert neben dem Mut und der Bereitschaft, die Folgen unseres Tuns zu tragen, auch die Fähigkeit, das, was wir verantworten, auch wirklich zu schaffen und zu leisten. Sonst wird der Begriff unsinnig! Man kann die Verantwortung nicht für eine Sache tragen, die man nach dem Maße seiner Kräfte und seines Könnens zu tragen überhaupt nicht in der Lage ist. Von dieser Auffassung der Verantwortungspflicht her ergibt sich sorgfältige Prüfung aller sachlichen und persönlichen Voraussetzung der redaktionellen Arbeit überhaupt, das heißt der öffentlichen Aufgaben und verantwortlichen Verpflichtungen, die ihr gestellt sind. Es ist beabsichtigt, die *„Sorgfalts-*

---

[1]) vgl. Die Presse, kollektiver Organisator der sozialistischen Umgestaltung. 3. Pressekonferenz des Z. K. der SED am 18. 4. 1959 in Leipzig, Berlin 1959. Ferner: Herrmann, E. M., Die Presse der Sowjetischen Besatzungszone, Die Deutsche Presse 1961, Berlin 1961.

pflicht" des Redakteurs auch gesetzlich festzulegen. Der „Modellentwurf"[1]) formuliert das folgendermaßen: „Die Presse hat alle Nachrichten vor ihrer Verbreitung sorgfältig zu prüfen auf Herkunft und Inhalt. Nachrichten, die erkennbar unzureichend verbürgt sind und das Ansehen einer Person oder Stelle verletzen, dürfen nur dann verbreitet werden, wenn das berechtigte Interesse der Öffentlichkeit an einer sofortigen Unterrichtung überwiegt".

Dabei stehen wir bereits im dritten Arbeitsgebiet des Redakteurs, in der *Verarbeitung* der Nachricht und ihrer gesinnungsmäßigen Deutung. Sie ist dort, wo in größeren Verhältnissen Arbeitsteilung möglich ist, Aufgabe publizistisch-schriftstellerischer Leitung: der Arbeit des Leitartiklers, des Kritikers, des Glossisten. Aus dem Aufsehen und der Erregung des aktuellen Geschehens zieht er und wertet er die allgemein politische oder kulturelle Folgerung. Denn das ist seine Aufgabe: aus der Hast und Eile des Geschehens zu ruhigen und allgemeinen Erkenntnissen zu führen, der Flüchtigkeit und dem lauten Lärm des Tageskampfes die große Ausrichtung auf das Ganze zu geben, aber ebenso da, wo es die Aufgabe der Zeitung verlangt, den publizistischen Kampf mit guten Waffen überzeugend zu führen. Diese Aufgabe der wertenden journalistischen Arbeit verlangt nutzungsbereites Wissen, sicheres Können und die sprachliche Begabung, den Dingen überzeugend Form und Farbe zu geben (über Form und Stil vgl. S. 113, über Leitartikel vgl. S. 128, über Kritik vgl. II, S. 61). Die Chefredakteure, die Spartenredakteure, freie oder festangestellte Mitarbeiter leisten diesen publizistisch wertvollen Teil der journalistischen Arbeit. Eigene, nur als solche verpflichtete „Leitartikler" sind in der deutschen Presse selten. Als „columnists" in der Presse der Vereinigten Staaten und als „chroniqueurs" im französischen Journalismus kommen sie oft zu Ruf und beträchtlichen Einkünften. Kleine und mittlere Blätter schließen sich zu „Redaktionsgemeinschaften" zusammen, um in der Nachrich-

[1]) a. a. O. § 6.

tenarbeit und der publizistischen Wertung Angemessenes zu leisten (s. II S. 31).

Nach dieser Umschreibung der journalistischen Arbeitsgebiete ergibt sich die Frage nach den Begabungsvoraussetzungen der journalistischen Arbeit.

4. Die persönlichen Voraussetzungen der journalistischen Arbeit

Die *journalistische Begabung* liegt gleich der künstlerischen in der Persönlichkeit. Sie kann durch Studium und Erfahrung zur Entfaltung gebracht werden, ist jedoch nicht anzulernen oder zu erarbeiten. Der Journalist arbeitet in der Öffentlichkeit und für sie. Es mag ein Stück Geltungsbedürfnis und ein Stück Machttrieb sein, das manche Menschen in diesen Beruf treibt. Ebenso stark aber sind ein impulsives Sendungsbewußtsein und die Triebkräfte publizistischen Wollens, eine Sache zu behaupten, eine Bewegung durchzusetzen, eine Überzeugung zu verbreiten und zu erhärten oder aber auch allgemein der vorwärtstreibenden Bewegung des öffentlichen Lebens fordernd und gestaltend, beobachtend-urteilend gegenüber zu stehen und zu helfen, die Dinge besser zu machen, als sie gewesen sind, dabei zu sein und mitten im Strome der Entwicklung mitzutun. Es ist die allgemein publizistische Leidenschaft, die auch aus dem Journalisten spricht, hier freilich in ihrer strengen Bindung an den Tag und seine Forderungen. Journalismus ist eine fest an die Stunde und an den Gang der Technik gebundene Tätigkeit. Sie verlangt daher eine immer und überall leistungsfähige Arbeitsbereitschaft, ein klares, durchblickendes Erkennen des Zeitgeschehens, stets nutzungsbereites Wissen, sichere Beobachtung und die Fähigkeit treffender, überzeugender, sprachlich wirksamer Darstellung. Dazu gehört das Bewußtsein und der Wille, dem öffentlichen Leben aus einer festen Gesinnung heraus dienstbar zu sein und dabei über sich selbst hinaus zu kommen. Eigenschaften des *Charakters, des Willens, des Verstandes und des Temperamentes* verbinden sich in der journalistischen Eignung.

Die Eigenschaften des *Charakters* gehen allen anderen voran. Notwendig sind aufgeschlossene, bewegungs- und leistungsfähige Naturen, Menschen mit starkem innerem Wollen und der Neigung, das öffentliche Leben zu verstehen und sich einzufühlen, keine Betriebs- und Geschäftsnaturen und vor allem keine um sich selber pendelnde Ich-Menschen. Leute, die die Fähigkeit der Einfühlung, der Bewunderung und der Begeisterung verloren haben, die Snobs aller Nuancen, scheitern im Journalismus oder richten — einmal hereingekommen — für sich und andere Unheil an. Wenn sie sich ihrer öffentlichen Aufgabe nicht aus innerer Überzeugung mit vollem persönlichem Einsatze widmen, werden sie sich nicht durchsetzen und auf die Dauer nicht behaupten. Die Zwangshypothek der *Eitelkeit*, die nach Bismarcks Wort den Politiker belastet, ist ebenso oft dem Journalisten aufgeladen, das ist nicht zu verteidigen aber sehr wohl zu verstehen. Der Journalist will und muß wirken, und also auftreten, und aus sich heraustreten. Takt und Geschmack, Erziehung und Kinderstube müssen hier helfen, das rechte Maß zu halten.

Ständige und nie nachlassende Arbeitsbereitschaft ist die zweite Forderung, eine Sache des *Willens*. Zu jeder Tages- und Nachtzeit und in schwierigsten Lagen muß der Journalist zu arbeiten bereit und fähig sein. Das Zeitgeschehen schont weder die Stunden der Ruhe noch der Ermüdung. Immer frisch und mit ungebrochener Eindrucksfähigkeit an die Dinge heranzugehen ist unerläßlich, soll der Erfolg der journalistischen Arbeit nicht in Frage gestellt sein. Der Journalist hat diese Willensleistung in der Nachrichtenarbeit und in der Meinungsführung zu nutzen. Große Entscheidungen, stoßweise Arbeitsüberbürdung verlangen oft alle Kräfte. Aber selbst in Überarbeit und drängender Tageseile muß der Journalist sich fortgesetzt zu größter Gewissenhaftigkeit auch in den Einzelheiten zwingen. Seine Eindrucksfähigkeit sollte er sich erhalten und die Einfühlung in die Leserschaft. Die Fähigkeit zu sehen und zu erleben aus einem sicheren Hereindenken in alles, was den Leser gewinnen und überzeugen kann. Snobs sind immer schlechte Journalisten. „other minded" zu sein, wie es der Amerikaner fordert, bedeutet freilich nicht, daß sich der Journalist selber aufgibt. Die Überlegenheit der Leitung und Richtung muß er sich unabhängig erhalten.

Vom *Verstande* wird gefordert: rasches, klares Denken, reifes, erarbeitetes und nutzungsbereites Wissen, um aus Sachkunde ebenso wie aus praktischer Erfahrung zu richtiger Erkenntnis überraschend neuer Ereignisse zu kommen. Ein gutes und zuverlässiges Gedächtnis, nicht nur für Namen, Zahlen und Personen, sondern mehr noch für Vorgänge, Ereignisse und Situationen, die kein Lexikon und kein Notizbuch aufzeichnet, ist unerläßlich. Gesunder Menschenverstand und Lebensklugheit sind wertvoller als allzu idealistischer Schwung, doch dürfen sie nie in Ängstlichkeit ausarten und so die werbende Kraft hemmen, die von jeder echten journalistischen Arbeit ausgehen muß. Unerläßlich ist eine *starke formale Begabung*, nicht nur in bezug auf Sprache und Stil, die als die Mittel der journalistischen Leistung zu einem hohen Grade gesteigert werden müssen (vgl. S. 113), sondern auch im Hinblick auf die ansprechende und zugkräftige äußere Aufmachung der Zeitung die graphische Gestalt und in der letzten Entwicklung vor allem die Nutzung und Darbietung des *Bildes* (vgl. Umbruch und Aufmachung II, S. 99).

Sache des *Temperaments* ist es, sich ständig mit ganzer Kraft all den Aufgaben zu widmen, die dem Redakteur aus dem Gange des öffentlichen Lebens Tag für Tag erwachsen. Kein Beruf bedarf größerer persönlicher Hingabe. Neben der Liebe für die journalistische Arbeit muß der Glaube an die verfochtene Sache das Werk beflügeln. Wer nur mit Nebenabsichten und eigensüchtigen Überlegungen in diesen Beruf geht (Einfluß, Kritik, Lebensgenuß, Einladungen, Reisen, Abenteuer, Theater- und Kinokarten, überall vorne an ...), wird sicher scheitern. Journalismus ist nicht Abenteuer, sondern harte, unerbittliche, immer erneute Tagesarbeit, eine geistige Schwerarbeit sondergleichen. Der Beruf erfordert, soll er vorbildlich erfüllt werden, ein hohes Maß von opferbereitem Idealismus und moralischer Grundsatzfestigkeit.

An körperlichen Voraussetzungen seien genannt: Starke Nerven, Ruhe, große Arbeitskraft und Elastizität, gesunde Augen und Ohren (viel lesen und telefonieren), keine Gehbehinderung. Notwendig sind gute und sichere Umgangsformen, sauberes und gepflegtes Äußeres, Erziehung und Kinderstube und eine private Lebensführung, die dem öffentlichen Auftrage entspricht, der dem Journalisten gestellt ist.

Es gibt keinen mit Prüfungen und Berechtigungen ausgestatteten *Ausbildungsgang* des Journalisten. Dreierlei muß er mitbringen: Die journalistische Begabung, das fachliche (handwerkliche) Können und das Sachwissen aus den Gebieten, über die er schreibt und in denen er arbeitet.

Über die journalistische Begabung ist oben gesprochen worden. Das fachliche Können verzweigt sich zunächst in die rein handwerkliche Technik der redaktionellen Arbeit: Behandlung der Manuskripte, genaue, möglichst durch eigene Praxis belebte Kenntnis des technischen Vorganges (Nachrichtenmittel, Satz, Druck), genaue Sachkunde der Mittel graphischer Aufmachung (Schriften, Schriftgrößen, Umbruch, Aufmachung, Seitenplanung und Aufteilung), Einordnung in die redaktionelle Arbeitsweise, Zeiteinteilung und Arbeitsrhythmus. Neben der handwerklich-praktischen Technik steht die schwierige und eigentliche Zeitungsaufgabe: was gehört in die Zeitung und in welcher Form paßt es hinein? Wertvoll ist für die Zeitung, was ihrer Grundrichtung liegt und ihre Leser anspricht. Die Anpassung an deren Bedarf und das Verständnis dafür ist der wichtigste Teil des journalistisch-redaktionellen Könnens im engeren Sinne. Diese Arbeit der Sichtung und Anpassung schließt Qualität keineswegs aus, fordert sie sogar im hohen Maße, doch muß sie auf den Weg gebracht werden können in das Verständnis und die Aufnahmebereitschaft des Leserkreises. Darauf kommt es an)vgl. II, S. 55). Dieses Können aber, aus Erfahrung entwickelt, kann nur in der redaktionellen Praxis gewonnen werden.

Doppelter Natur ist auch das Sachwissen aus den vielfältigen Zweigen des öffentlichen Lebens, in denen der Journalist arbeitet. Es ist zunächst das sachlich-fachliche *Wissen* und dann die *praktische Erfahrung* in bestimmten Fachgebieten, die gewonnen werden müssen. Anzuraten ist, daß der Journalist sich auf einzelne Fachgebiete, in denen er völlig sattelfest sein muß, konzentriert. Der oft zitierte „Allround"-Journalist ist selten, d. h. selten ist er gut! Wo es ihn wirklich gibt, behält er Seltenheitswert. Auch der „Allround-Mann" kommt im allgemeinen aus einer fachlich gesicherten Arbeit, ehe er mit seinen Berichten über Kriege und Revolutionen, Weltkonferenzen und Naturkatastrophen die Menschheit ins Bild bringt. Fachliche Spezialisierung ist auch darum anzuraten, weil sie unanfechtbare Sicherheit des Urteils in einem Fache gibt und von dorther die Erfahrung und Vorsicht gewonnen werden kann, wenn die Beurteilung anderer Fächer nötig wird. Nichts ist der Presse schädlicher als Reporter, die sachkundig und diskussionsreif auf allen Gebieten sein wollen. Gründliche Bildung in einem Fach ist aber nicht nur für die Zeitung ersprießlich. Sie sichert und fördert auch die eigene Berufslaufbahn.

In der Grundgliederung sind vier Hauptgebiete zu unterscheiden: Politik, Kulturpolitik (Feuilleton), Wirtschafts- und Kommunalpolitik, Sport. Auf einem dieser Gebiete sollte ein gründliches Fachwissen erarbeitet werden. Das kann durch Selbststudium erfolgen, was aber bei der anstrengenden journalistischen Tagesarbeit nicht leicht ist. Falls ein Universitätsstudium dem Journalisten vor Eintritt in den Beruf geboten werden kann, erleichtert und vertieft es die Fachbildung. Das gründlich zu erarbeitende Fachwissen schafft Einblick in die Methode systematischer geistiger Arbeit und eröffnet, ehe die sehr schweren und anstrengenden Anfangsjahre der journalistischen Einarbeitung beginnen, Aus- und Aufblik in die unabhängige, geistige Atmosphäre der Lehre und Forschung, aus der für die spätere Praxis sichere Maßstäbe für ein gesundes Urteil zu gewinnen sind.

Dazu tritt für die fachliche Berufsvorbildung das, was man den *praktischen Berufsansatz* nennen könnte. Schon dem jungen Journalisten ist das kritische Urteil über Männer und Mächte, über politische und kulturelle Kräfte, politische Aktion, künstlerische Leistung, kommunale Organisation, wirtschaftliche Unternehmung, sportliche Leistung verantwortlich anvertraut. Er muß also mehr davon wissen, als was im Buche steht. Er muß praktische Erfahrungen haben, zumindest im Ansatz. Das heißt, er sollte je nach seiner besonderen Neigung und dem Interessengebiet, dem er seine öffentliche Arbeit widmet, auch die praktische Lage des Aufgabengebiets kennen, dem seine Nachrichten- und Meinungsarbeit und damit sein Urteil dient: der Politiker die Arbeit in politischen Organisationen und in der Verwaltung, der Lokalredakteur in einer Behörde der Stadtverwaltung, der Wirtschaftspolitiker in Handel und Industrie, der Kulturpolitiker, „Feuilletonist", im Theater, in praktisch künstlerischer Tätigkeit und der Sportredakteur als aktiver Sportler. Dieser Einblick in die Schwierigkeiten und Sorgen aufbauender Arbeit gibt dem Journalisten bei seinen kritischen Bemühungen die Maßstäbe gerechten Urteils. Kritik ist immer billig. Zum Bessermachen sachkundig beraten, das ist schwer. Eben das aber ist auch eine Aufgabe der Presse, die heute oft allzusehr sich kritisch brüstet. Ein hohes Maß verärgerter Urteile über und gegen die Presse wäre im Interesse der Zeitung und ihres öffentlichen Auftrages zu sparen, hätten die journalistischen Kritiker jeweils den Einblick in die Praxis der Verwaltung und damit die rechten Maße dessen, was möglich ist.

Was nun die rein wissens- und die erfahrungsmäßige Vorbildung für die einzelnen Sparten der journalistischen Arbeit angeht, so gilt in knapper Andeutung folgendes:

a) *Politische Redaktion:* Studium der politischen Geschichte Deutschlands und des Auslandes zur Ausstattung der in diesem Fache unerläßlichen Begabung für das Politische mit den notwendigen Beispielen, Vorbildern und Erkenntnissen. International ist auch das Studium der Entwicklungsländer stark nach vorn gerückt. Des weiteren ist erforderlich das Studium des Wirtschafts- und Sozialaufbaus Deutschlands. Die Kenntnis allgemeiner und vergleichender Staatslehre und der deutschen und außerdeutschen Gegenwartsfragen ist unerläßlich. Praktische politische Erfahrung in Verwaltungen und politischen Organisationen jeder Art ist notwendig und wegen der unmittelbaren Anschauung, die nur sie geben kann, unentbehrlich. Für die Tätigkeit des Auslandskorrespondenten bedarf es sicherer Sprachkenntnisse und langjähriger Auslandserfahrung (vgl. auch II, S. 20).

b) *Wirtschafts- und Handelsredaktion:* Zu unterscheiden ist „Volkswirtschaftlicher Teil", wie er heute auch in Massenblättern eine wertvolle Aufgabe erfüllt, und „Handelsteil", der, oft in fachlich spezialisierten Zeitungen, der wirtschaftlichen Praxis dienstbar ist. Der „Volkswirtschaftliche Teil" hat die Aufgabe, das volkswirtschaftliche Geschehen auch in Einzelheiten nachrichtenmäßig zu verarbeiten und so vorzutragen, daß jeder Leser nützlichen Einblick in die volkswirtschaftlichen Vorgänge gewinnen kann, daß er gute Auskünfte darüber gewinnen kann und sein Verständnis vertieft wird. Hier kommt es auf die allgemein verständliche Deutung wirtschaftlicher Vorgänge und ihrer sozialen Zusammenhänge an. Die Führung des Handelsteils hingegen verlangt genaue Kenntnis der Volks- und Betriebswirtschaftslehre, die zweckmäßig durch ein Hochschulstudium dieser Fächer zu erarbeiten ist: Arbeiten in Landwirtschaft und Industriepolitik, im Bankwesen und der Handelspolitik. Daneben ist praktisch-kaufmännische Tätigkeit unerläßlich, um den Redakteur zu befähigen, die Dinge aus der unmittelbaren Praxis wirtschaftlicher Vorgänge zu verstehen und zu beurteilen (vgl. auch II, S. 43). Fachlich-praktische und theoretisch geschulte und urteilsfähige Wirtschaftsredakteure sind heute selten, obgleich ihre Aufgabe angesichts der Bedeutung witschaftlicher Vorgänge hoch gewertet wird.

c) *Kulturpolitische Redaktion* (Feuilleton): Sie erfordert Studium und genaue Sachkenntnis der deutschen und der ausländischen Literatur und Sprache. Dazu tritt Kunst und

Theater, Musiktheorie und Geschichte. Hier ist gründliche Spezialisierung besser als oberflächliches Vielwissen. Ein akademisches Studium ist anzuraten. Praktische Betätigung und möglichst eigener Berufsansatz in der Kultur- und Bildungsarbeit oder in den Dingen des Theaters, Films oder Rundfunks vermitteln wertvolle Anschauungen und Erfahrungen zu sicherem und sachkundigem Urteil. Alle Arbeiten des Feuilletonredakteurs fordern feinsten und doch wirksamen, geistig gepflegten und doch gemeinverständlichen Ausdruck (vgl. ausführliche Darstellung S. 113 und II, S. 82).

d) *In der Lokal- und Provinzredaktion* wird der Redakteur neben seiner allgemein-politischen Durchbildung die Grundsätze der Gemeindepolitik und der Gemeindewirtschaft beherrschen müssen. Eine Reihe von Universitäten ermöglichen heute ein selbständiges kommunalpolitisches Studium. Hat der Lokalredakteur selbst in Gemeindebehörden praktische Arbeit geleistet, so kommt ihm das sehr zugute. In keinem Gebiete der Zeitung ist eine kritische und anregende Tätigkeit wertvoller als hier, in keinem Gebiet ist aber auch eine solche Stellungnahme durch unmittelbar Beteiligte und Interessenten leichter nachzuprüfen. Je mehr es der Lokalredakteur vermag, auch in die Geschichte und Tradition des Verbreitungskreises seiner Zeitung einzudringen um so besser wird seine Arbeit gelingen, die im übrigen stark auf seinen Beziehungen und seiner praktischen Mitarbeit in der Gemeinde beruht (vgl. auch II, S. 48).

e) In den *Sportredaktionen* war immer die Zahl aktiver Sportsleute groß. Neuerdings sind auch vielfach ehemalige Sportlehrer in der Sportschriftleitung tätig. Je enger sie aus eigenem Erleben dem Sport verbunden sind, um so sicherer und zuverlässiger wird auch ihre publizistische Führung sein.

f) Auch der *Bildredakteur* (Bildleiter) und der *Bildjournalist* (Bildberichter) muß zur allgemein-politischen Urteilskraft erzogen sein. Fachlich hat er aus einer gründlichen photographischen Ausbildung (in Berufsschulen oder in Selbstausbildung gewonnen) die Fähigkeit zu entwickeln, Bilder nicht nur in ihrer aktuellen Bedeutung richtig zu sehen, sondern sie auch in Aufnahme und Bildausschnitt gleich bildhaft und im Wesentlichen zu fassen und sie nach der Möglichkeit graphischer Wirkung richtig auszuwählen und zu beschriften. Neben die bildtechnische Fähigkeit tritt die publizistische einer rechten Auswahl des Bildes mit gutem Geschmack und rechtem Takt im Hinblick auf den Bildinhalt, insbesondere die dargestellten Persönlichkeiten. Der Beruf ist sehr überfüllt. Gleichwohl sind wirkliche Könner und Spitzenleistungen keineswegs häufig (vgl. II, S. 79).

Für alle Fälle der journalistischen Arbeit ist die praktisch brauchbare Kenntnis des *Presserechtes* und der mit der Presse zusammenhängenden Verordnungen und Anordnungen unerläßlich. Der Weg der Vorbildung an den *Universitäten* muß so beschritten werden, daß in einem, höchstens zwei für die Gestaltung des Zeitungsinhaltes wichtigen Fächern (siehe oben) eine gründliche und umfassende Ausbildung — nicht nur in aktueller Blickrichtung — vorgenommen wird. Das Studium kann an den Universitäten München, Berlin und Münster verbunden werden mit einem *Studium der Publizistik*, dem wissenschaftlichen Fache, das die Zeitungswissenschaft in sich aufgenommen hat und alle publizistischen Mittel, deren Psychologie, Organisation und Technik sowie den publizistischen Vorgang selbst, den „publizistischen Prozeß" als einheitliches Phänomen des öffentlichen Lebens auch in seiner Auswirkung zum Gegenstande der Forschung und Lehre genommen hat[1]).

Das Studium vermittelt somit in wissenschaftlicher Systematik die Grundsätze und die Sachkunde über die Mittel der Publizistik. Für die Praxis gibt es einen umfassenden Einblick in die Arbeit der Zeitung und der Zeitschrift, des Rundfunks und Films mit Einschluß der wirtschaftlichen, soziologischen und psychologischen Voraussetzungen. Das

[1]) vgl. *Dovifat, E.*, Publizistik, in Universitas Litterarum, Berlin 1954.

Fach lehrt also auch die Aufgabe der Zeitung im öffentlichen Leben, lehrt ihre Stilformen, ihre Wirkung und vermittelt dem später im praktischen Leben oft von der Tagesarbeit Aufgezehrten das Bewußtsein für die bleibenden Werte seiner Arbeit. Ferner lehrt das Fach die ethischen Grundvoraussetzungen und die Elemente eines aufrechten Standesbewußtseins. Bei der Unsicherheit jeder publizistischen Laufbahn ist anzuraten, die akademische Arbeit durch ein Examen abzuschließen, sei es ein Staatsexamen (juristische Staatsprüfung, volkswirtschaftliche Diplomprüfung, staatliche Prüfung für das höhere Lehramt) oder eine akademische Prüfung (Promotion).

Nachdem die so skizzierten Vorbildungsphasen durchlaufen sind, wird die *eigentliche journalistische Praxis*, die Einordnung in das Gemeinschaftswerk der Zeitungsarbeit, die Handhabung des Handwerkszeuges nur in der praktischen Arbeit der Redaktion zu erlernen sein. Denn hier nur besteht auch die zur Erziehung unerläßliche und im theoretischen Lehrbetrieb nur schwer zu schaffende, unmittelbare Fühlung mit der Öffentlichkeit, insbesondere mit der Leserschaft. Diese praktische Lehr- und Lernzeit („Volontärjahr") wird am besten an einem kleinen oder mittleren Blatte durchgemacht, dessen Betrieb zu überschauen ist und das dem Lernenden die Möglichkeit gibt, in allen Sparten des Innen- und Außendienstes der Redaktion tätig zu sein. Ganz besonders wird er sich eingehend mit der technischen Herstellung der Zeitung zu beschäftigen haben. Ein halbes Jahr in der Druckerei als Lehrling gestanden zu haben, hat noch keinem Berufsanwärter geschadet, aber seine Leistung in der Bild- und Seitengestaltung oft gesteigert. Die technischen und geistigen Kräfte gehören in der Zeitung zusammen, und der Redakteur muß jeden technischen Vorgang so genau kennen, daß er weiß, wo die Schwierigkeiten liegen, und daß er mit den technischen Mitarbeitern wirklich zu reibungslosem Hand-in-Hand-Schaffen kommt. Schließlich muß jeder gute Redakteur auch die Vertriebsformen der Zeitung kennen sowie die ganze wirtschaftliche Grundlage des Unternehmens, auch des Anzeigenwesens[1]).

Unerläßlich und nie zu entbehren ist für alle Fächer der journalistischen Arbeit die flotte Beherrschung der Kurzschrift und des Maschineschreibens. Dies ist notwendiges und selbstverständliches Handwerkszeug der Tagesarbeit und kann nicht erst beim Eintritt in die Praxis gelernt werden.

Die praktisch-beruflichen Kenntnisse und Fertigkeiten, die die Lehrjahre vermitteln, sind für jeden Journalisten, der Redakteur sein will, unentbehrlich. Ist der Lernende für den Beruf wirklich befähigt, so kann er bald in eine bezahlte Stellung aufrücken. Wer sich durch schriftstellerische Leistungen als freier Mitarbeiter bereits einen Namen gemacht oder sich durch politische und organisatorische Arbeiten bewährt hat und daraufhin in eine Redaktion geholt wird, muß sich auch dann die nötigen allgemein-journalistischen und politischen Kenntnisse und Fertigkeiten aneignen. Gewandten und begabten Berufsanwärtern gelingt das meist sehr bald. Über aller Anerkennung der allgemein fachlichen und praktisch-journalistischen Vorbereitung und Durchbildung steht aber als erste und wesentlichste Forderung, daß der Journalist sich befähigt zeigt, seine öffentlichen Pflichten aufrecht, unbestechlich und verantwortungsbewußt zu erfüllen.

Der journalistische Beruf ist ein freier Beruf, der in einer Gesinnungsaufgabe arbeitet. Der *Deutsche Journalisten-Verband*, die Organisation der deutschen Journalisten, hat eine Arbeitsgemeinschaft mit den Gewerkschaften, ist aber keine Gewerkschaft. Der Verband sieht seine Aufgabe in der Wahrnehmung aller beruflichen, rechtlichen und sozialen Interessen der hauptberuflich tätigen Journalisten, insbesondere der Sicherung der freien Meinungsäußerung und der geistigen Unabhängigkeit der journa-

[1]) vgl. Journalismus Bd. I der Schriftenreihe des Deutschen Instituts für publizistische Bildungsarbeit. Düsseldorf 1960. Darin Dovifat, E., Grundsätze journalistischer Fachausbildung — Schriftenreihe der Deutschen Studiengesellschaft für Publizistik Bd. 3. Die Ausbildung des publizistischen Nachwuchses. München u. Berlin 1961.

listischen Arbeit. (Satzung vom 9. März 1951.) Ein kleinerer Teil der Journalisten hat sich der gewerkschaftlichen Berufsgruppe der Journalisten in der I.G. Druck und Papier angeschlossen. Zur beruflichen Sicherung hat der Journalistenverband unter dem 15. August 1951 mit den Verbänden der Verleger Tarifverträge[1]) abgeschlossen, die Gehaltssätze und Arbeitsbedingungen festlegen. Besondere Bestimmungen aber werden zur Sicherung der geistigen Unabhängigkeit der journalistischen Arbeit schon in diesen Tarifwerken entwickelt. So die Pflicht des Verlegers, die Richtung der Zeitung schriftlich im Vertrage des Redakteurs festzulegen und bei einem Richtungs- oder Besitzwechsel der Zeitung dem Redakteur Gelegenheit zu vorzeitigem Ausscheiden unter Weiterzahlung der Gehaltssätze zu geben. Rechtsstreitigkeiten zwischen Verlegern und Redakteuren werden durch besondere Schiedsgerichte (Schlichtungsausschüsse) entschieden. Für die Beschäftigung von Volontären in zweijährigen Ausbildungszeiten sind besondere Richtlinien festgelegt, ebenso für „Freie Journalisten", von denen ein gut Teil der Mitarbeit in den Zeitungen geleistet wird.

Der erste Manteltarif hat nachfolgende Berufsbezeichnungen festgelegt:

> *Redakteur* ist, wer durch Sammlung, Sichtung, Ordnung und Bearbeitung des für den Textteil einer Zeitung bestimmten Stoffes an der Gestaltung des redaktionellen Teiles mitwirkt.
>
> *Fester Mitarbeiter* ist, wer — ohne Arbeitnehmer zu sein — auf Grund eines selbständigen Dienstverhältnisses ausschließlich oder überwiegend für einen Verlag tätig ist und eine feste monatliche Vergütung (Honorar, Pauschale) erhält.

---

[1]) vgl. Schmidt-Osten, H. „Das Arbeitsrecht der Presse, Tarifvertrag für Redakteure". Bonn: Dt. Journalistenverband 1953. Vgl. Manteltarif für Redakteure vom 8. 1. 1960, hrsg. von den beiden Bundesverbänden der Verleger und der Redakteure, dgl.: Richtlinien für Vertragsbedingungen der freien Journalisten aus Tageszeitungen vom 1. April 1959. Ebenso ist eine Alterssicherung im *Versorgungswerk der Deutschen Presse* gegeben, vgl. Anhang zum Manteltarif vom 8. 1. 60.

Gelegentlicher Mitarbeiter ist, wer — ohne in einem Dienstverhältnis zu stehen — von Fall zu Fall Beiträge liefert und jeden Beitrag als solchen nach den Grundsätzen des Werkvertrages vergütet erhält.

Redaktionsvolontär ist, wer zur Berufsausbildung in der Redaktion einer Zeitung oder Zeitschrift beschäftigt wird und als Gegenleistung für seine Dienste ein Entgelt (Gehalt) erhält. (Arbeitsverhältnis mit ergänzendem Ausbildungszweck.)

Die *Geschichte des Journalismus* ist so alt wie die Geschichte des menschlichen Zusammenlebens. Lange vor den ersten Zeitungen gab es neben Nachrichtenträgern aller Art[1]) (Läufer, Reiter und Boten). Später dann von den großen Herren bestellte Nachrichtenschreiber und Agenten, oft zwielichtige Existenzen, die auf allen Schultern trugen[2]). Die „Gazettanti" (von gazeta = kleine Geldmünze), die „News-writers", die „Gazettiers à la main" waren bereits in sozial nicht immer geachteten, aber manchmal einträglichen Arbeiten für die Börsen und Märkte der oberitalienischen Städte und in Paris und London tätig. Aus ihrem Wirken entwickelt sich neben der Zeitung ein als Dienstleistung betriebenes Nachrichtgewerbe, das in den persönlich versandten „Bulletins" des 17. und 18. Jahrhunderts[3]) das brachte, was man in den Blättern der Zeit nicht bringen durfte. In den heute noch bestehenden „privaten" und „vertraulichen" *Informationsdiensten* haben sie ihre Nachfolge gefunden (vgl. II, S. 24). Der allgemeine Nachrichtendienst entwickelte mit der gedruckten Zeitung die beruflich feste Form der Redakteure, Reporter und Korrespondenten und mit den elektrischen Nachrichtenmitteln und den Nachrichtenbüros die spezielle journalistische Berufsart der „Nachrichtenredakteure".

Die eigentlich *publizistische* Nutzung und meinungsmäßige Gestaltung des Zeitgeschehens wird erst spät ein eigener Beruf. Ursprünglich mit der politischen Arbeit verbunden, zweigen sich im römischen Kaiserreich, zunächst im milden Absolutismus der Augusteischen Zeit, die ersten amtlichen Lob- und Preisreden (Dithyramben) ab, die später als leere dynastische Propaganda erstarren. Das Mittelalter kannte meinungsbildende Leistungen zunächst nur in kirchlicher Bindung, später volkstümlich im Bän-

[1]) vgl. Riepl, Wolfg. „Das Nachrichtenwesen des Altertums", Leipzig 1913.

[2]) vgl. Kleinpaul, Joh. „Das Nachrichtenwesen der deutschen Fürsten im 16. und 17. Jahrhundert", Leipzig 1930.

[3]) vgl. Friedländer, Ernst „Berliner geschriebene Zeitungen 1713—1717 und 1735". Berlin 1902.

kelsang, höfisch in der politischen Spruchdichtung. Hier besinnen sich diese Publizisten des Mittelalters bereits auf ihre öffentliche — damals noch religiös begründete — Sendung. (So Walther von der Vogelweide: „Her keiser, ich bin vrônebote und bringe iu boteschaft von gote"). Mit der Renaissance erwachte die Publizistik individuellen Urteils. Das zeigen die Pamphlete Pietro Aretinos, des ersten Revolverjournalisten der Geschichte, aber auch die aus eigener Berufung geübten publizistischen Aktionen beider Seiten im Zeitalter der Glaubenskämpfe. Das Herankommen der liberalen Welt- und Lebensanschauungen mit der Forderung der Pressefreiheit ruft dann den publizistischen Schriftsteller auf den Plan. Die Eigenständigkeit und individuelle Souveränität der publizistischen Persönlichkeiten setzt sich durch. Das liberale 19. Jahrhundert, das praktisch etwa mit dem Ausbruch des ersten Weltkrieges zu Ende geht, ist die Zeit der großen politischen Journalisten, der Federn von Macht und Weltruf. Teils in Zeitungen, teils in Zeitschriften kommen sie zur Geltung. Noch gab es keine publizistischen Riesenunternehmen, in denen nicht die Feder eines großen Publizisten regiert, sondern der publizistischen Manager. In den *„Vereinigten Staaten"* gründen und festigen journalistische Staatsmänner die junge Verfassung. Von Alexander Hamilton (Gazette of the United States) und Thomas Jefferson (National Gazette) geht die Linie zu W. L. Garrison und Horace Greeley (Tribune), zu W. Reid (N. Y. Tribune) und Karl Schurz (Evening Post), zu H. L. Menken und Walter Lippmann. In *England* geht die Reihe von dem anonymen Verfasser der „Junius"-Briefe im „Public advertiser" über J. T. Delane (Times) und Charles Dickens (Daily News) zu C. P. Scott (Manchester Guardian), zu J. A. Spender (Times) und J. L. Garvin (Observer). In *Frankreich* folgen auf Publizisten der Revolution von 1789: die Rivarol (Actes des Apôtres), Brissot (Patriote Français), Mirabeau (Etats Généraux), Desmoulins (Révolution de France) und Marat (Ami du Peuple) die Journalisten des Bürgerkönigtums und 2. Kaiserreichs: die Brüder Bertin (Journal des Débats), A. Carrel (Le National), Villemessant (Le Figaro). Es folgten die „Pamphlétaires", die scharfen Kritiker des öffentlichen Lebens, H. de Rochefort (Lanterne) und Emile Zola. Die scharfen Federn der „Presse d'Opinion" führen oftmals Politiker hohen Ranges, die hier ihre politische Stellung zimmerten und ihre Überzeugung durchsetzten, so z. B. Clémenceau. In *Deutschland* gehen G. E. Lessing (1751 Vossische Zeitung), Schubart 1770 und Weckherlin 1770 („... der Schriftsteller ist der geborene Advokat der Menschheit") dieser Entwicklung voran. Sie setzt dann ein mit H. v. Kleist (Berliner Abendblätter 1810) und J. Görres (Rheinischer Merkur 1814 ... „Einer muß sein, der berufen ist, die Wahrheit zu künden, ohne Vorbehalt und Hindernis"). Das Jahr 1848 bringt die Entstehung der Parteipresse mit Namen wie Zabel (Nationalzeitung), Bernstein (Berliner Volkszeitung), Wagener (Kreuzzeitung). Nach der Reichsgründung kommen die nationalen (Gustav Freytag „Grenzboten"), die sozialistischen (Schweitzer, Bebel, Liebknecht) und die christlichen Publizisten (Paul Majunke „Germania", Herm. Cardauns „Köln. Volkszeitung") zu Wort. Eine neue Generation entfaltet sich aus der wirtschaftlichen Blüte angesehener Zeitungsunternehmen. Es schrieben Ernst Posse (Kölnische Zeitung), Theodor Wolff (Berliner Tageblatt), Rudolf Öser (Frankfurter Zeitung), Georg Bernhard (Vossische Zeitung) und viele andere hohen Ansehens und geistiger Unabhängigkeit. Sie führten den Journalismus zu Rang und Ansehen.

Die Entwicklung zur *Massenpresse* brachte journalistische Persönlichkeiten mehr von geschäftlicher als publizistischer Genialität, denen es aber gelang, neue Typen volkstümlicher Blätter zu schaffen. Breite Teile der Öffentlichkeit werden jetzt erst zur Zeitungslektüre geführt. Die neue Entwicklung beginnt in den Vereinigten Staaten mit J. G. Bennet (1835) — Vater und Sohn — (N. Y. Herald) und führt über Pulitzer (World) und Hearst in die Zeitungsgroßkonzerne. In Frankreich beginnt die Massenpresse mit Emile de Girardin (1836, La Presse), in Wien mit August Zang (Die Presse), in Berlin mit August Scherl (1884 Lokalanzeiger) und in England mit Alfred Harmsworth-Northcliffe (1896 Daily Mail). Mit Beginn des Jahrhunderts, für Deutschland etwa seit 1904, entwickelt sich mit ausgesprochenem Massencharakter die „Zeitung im Direktverkauf", die Straßenverkaufspresse, kurz „Boulevardpresse" genannt. Schon in der graphischen Aufmachung ist sie auf anpackende und lesewerbende Kraft angewiesen. Sie bedarf knappster Information in einer kraß nach außen gekehrten Form. Bald überflügelt sie an Auflagenhöhe alle bisherigen Zeitungstypen (s. Bd. II, S. 123). Ein neuer Zeitabschnitt, auch der beruflichen Entwicklung des Journalismus, setzt ein. Die Zeitung wird Geschäftsunternehmen und das führt zum oft unpersönlichen Großbetrieb und zum Konzern. An die Stelle der alten Familienverlage treten erstmalig zeitungsgeschäftlich bestimmte Organisationen, die Vertreter anonymer Kräfte (vgl. S. 22). Gleichzeitig ging eine weitgehende technische und geistige Arbeitsteilung vor sich. Der journalistische Beruf wurde vielverzweigt auch in sozialer Beziehung, nachdem er bereits politisch, aus seiner Natur heraus, vielgegliedert war. So kam er erst spät zur eigenen Berufsorganisation. Sie wurde 1910 als „Reichsverband der Deutschen Presse" gegründet und nahm den Kampf für die Anerkennung des öffentlichen Charakters der journalistischen Arbeit sofort entschieden auf. Im Hitlerregime wurde der Verband gewaltsam gleichgeschaltet. Nachfolger des 1933 zu Ende gegangenen freien Verbandes ist heute der „Deutsche Journalisten-Verband", die Berufsvertretung der Redakteure und Journalisten, Sitz in Bonn a. Rhein, Königstraße 17a, Fachblatt „Der Journalist", Bonn a. Rh., Chefredakteur Hans Dawill (vgl. oben S. 40). Er ist Mitglied der I.J.F., der „Internationalen Journalistischen Föderation", Sitz Brüssel, die 45 000 Journalisten in 17 Ländern erfaßt.

5. Die verlegerische Arbeit

Unumstritten ist die publizistische Natur der verlegerischen Arbeit. Umstritten bleibt in ihrer Geschichte die Frage, inwieweit es gelingt, die in ihr liegenden dualistischen Gefahren auszugleichen. Jede Verlagsarbeit — auch die des Buchverlegers — muß die wirtschaftliche und technische Voraussetzung erfüllen, um ihrer geistigen Aufgabe zu genügen. Es gab immer und gibt auch heute Buch-, Zeitschriften- und Zeitungsverleger, denen der materielle Gewinn über jede geistige Verpflichtung geht. Sie sind wahrhaftig, wie Ferdinand Lassalle das vor 100 Jahren schon formulierte, die „Prostituierten des Geistes", eine kleine, doch sehr potente und machtbewußte Minderheit. Aber in der Tradition der Zeitungsverlage gibt es auch viele Persönlichkeiten gediegenen geistigen Ranges, die eine feste Gesinnung auch in erfolgreicher wirtschaftlich-kaufmännischer Leistung wahren und durchsetzen. In allen Verlagstypen wirken Männer, die das Schwergewicht des Zeitungsunternehmens auf der geistigen Seite sehen[1]). Die Berufsverbände in der freien Welt schließen sich dieser Auffassung an.

---

[1]) vgl. Jaenecke, Walter, Pressefreiheit und Privateigentum, in ZVuZV. 1960 Nr. 24.

Die Aufgabe des Zeitungsverlegers ist bedingt durch die öffentliche Aufgabe der Zeitung. Der Verleger bestimmt deren publizistische Grundlinie und hat die technischen und wirtschaftlichen Voraussetzungen zu schaffen, sie durchzuführen.

Wie die Berufsgeschichte und Berufsbezeichnung zeigt, entsteht die verlegerische Arbeit zunächst im rein Geschäftlichen. In der frühkapitalistischen Zeit ist der „Ver-leger" der Vorleger, d. h. der Vorstrecker des Geldes zur Finanzierung gewerblicher Unternehmer. Von hier aus kommt der Begriff in verschiedene Wirtschaftszweige, so auch in das Buchgewerbe, das Buchdruckgewerbe und das mit ihm bald verbundene Zeitungswesen. Postmeister und Buchdrucker streiten sich im 17. Jahrhundert, dem ersten Jahrhundert der Presse heutiger Form, um das Verlagsprivileg der Zeitung. Sie bestand damals noch ohne jede redaktionelle Arbeit und unmittelbare publizistische Absicht. Sie sammelte Nachrichten, um sie „weiterzugeben, so wie sie einliefen". Es war ein reines Geschäft und wurde auch so eingeschätzt. Das wurde anders, als sich der absolutistische Staat dieser reinen Nachrichtenzeitungen annahm, weil er die politische Bedeutung ihrer Nachrichten und die immer weiterreichende Verbreitung dieser Zeitungen erkannt hatte. Er nutzte die Zeitung als Mittel seiner Nachrichtenpolitik. Von Berlin und Wien aus breitete der Staatsjournalismus seine Herrschaft aus. Vom Verleger und Drucker löste sich damals der Redakteur (vgl. oben S. 42) in selbständigem Amt, über das der Staat zunächst noch seinen Zensor setzte. Mit dem Fall der Zensur und dem Aufkommen der Meinungsfreiheit nach 1789 entwickelt sich die Publizistik des liberalen Zeitalters. Zunächst ist es der Journalist, der jetzt publizistisch entscheidenden Einfluß auf die Gestaltung der Zeitung gewinnt („Persönlichkeitszeitung"). Er ist damals ihr *Herausgeber* und ihr geistiges Haupt, das ihren Inhalt und ihren Zweck bestimmt. Der Verleger bietet ihm seine Dienste an und ordnet Druck und Vertrieb (so noch in Gustav Freytags bekanntem Lustspiel: „Die Journalisten"). Aber inzwischen wachsen aus den alten Nachrichtenzeitungen und aus der Entwicklung der Buchverlage (Cotta, Brockhaus u. a.) die im Familienbesitz entstandenen Zeitungen. Geistig führende und technisch fähige Verleger (Dumont, Faber, Korn, Jänecke) schaffen die „Zeitungspersönlichkeit" (d'Ester). Mit dem Aufkommen der Massenpresse dringen mehr u. mehr rein geschäftliche Kräfte in diese Tradition ein. Der frühe Typ des „Generalanzeigers" zieht den Geschäftsverleger groß. Ihm diente, wenigstens in den damaligen Anfängen, der redaktionelle Teil als Hilfsmittel des geschäftlichen Erfolges. Er war darum politisch gesinnungsmäßig nicht festgelegt. Gegen diese vom „Standpunkte des bloßen Geldverdienens" ausgehende Verlegerschaft, die diesem Streben ganz die geistige Aufgabe ihrer Zeitungen unterwarf, wandten sich die Verleger der älteren politischen Zeitungen durch die 1894 erfolgte Gründung des *„Vereines Deutscher Zeitungsverleger"*, der zum erstenmal von der Zeitung als einer geistig-wirtschaftlichen Kraft sprach. Er bekämpfte das damals oft in ungeregelten und niedrigen Profitformen betriebene Geschäft der neuen „Geschäftspresse", verlangte aber auch einen führenden Anteil an der geistigen Gestaltung der Zeitungen, als deren geistiger Kopf bisher der Redakteur galt. In Fortentwicklung dieser Seite seines Schaffens gab der Verband sich nach dem ersten Weltkrieg den Untertitel „Herausgeber deutscher Tageszeitungen". In den wirtschaftlich ungemein ergiebigen letzten Jahrzehnten des 19. Jahrhunderts und der Zeit bis zum Weltkrieg wuchsen dann die Riesenunternehmen des Zeitungsgewerbes, insbesondere der Massenpresse. Sie und andere, im Generalanzeigerstil durchgebildete Unternehmen, die dem älteren Verlag in der Anzeigenwerbung und im Nachrichtenwesen vorauf waren, vereinigten sich im beiderseitigen Einverständnis schließlich auch mit den traditionsstarken Verlegern des „Vereins Deutscher Zeitungsverleger". Das verhinderte aber nicht, daß die Großunternehmen auch Werkzeuge anonymer Kapitalmehrheiten wurden, mit deren Hilfe (Hugenberg-Konzern) auch in der Herstellung von Halbstoffen der Zeitungsarbeit, von Korrespondenzen, Nachrichtenunternehmen und Materndiensten, die anonyme bürgerlich-nationalistische Vorarbeit geleistet wurde, die dann durch Hitlers überwältigende Propaganda nationalsozialistisch wurde und große Teile des deutschen Volkes zu Wählern Hitlers machte (1933: 14 Millionen). Dessen gewalttätige Pressepolitik überwand nach 1933 durch Verbot und Zwangsaufkauf die unabhängige Verlegerschaft. Der „Verein Deutscher Zeitungsverleger" wurde damals als „Reichsverband der Deutschen Zeitungsverleger" ein Instrument des Hitlerregimes.

Nach dem Zusammenbruch gaben 1945 die alliierten Mächte die „Lizenzen" für Zeitungen an „politisch zuverlässige" Personen und Personenkreise. Diese völlig neuen Zeitungen schlossen sich im *Gesamtverband der Deutschen Zeitungsverleger"* (Satzung vom 28. Oktober 1949) zusammen. Mit Aufhebung der Lizenzverpflichtung (1949) nahmen auch eine Reihe der alten Zeitungsverleger ihre Unternehmen wieder auf. Der neugegründete „Verein Deutscher Zeitungsverleger"[1]) setzt die 1933 abgebrochene Tradition des alten Verbandes fort. Am 15. Juli 1954 wurden beide Verbände zum *„Bundesverband Deutscher Zeitungsverleger"* zusammengeschlossen[2]). „Er vertritt die Verlegerschaft in allen grundsätzlichen, ideellen, materiellen und sozialen Fragen." Fachblatt: Zeitungsverlag und Zeitschriftenverlag (ZVu.ZV), Organ für das gesamte Presse- und Anzeigenwesen, 58. Jahrgang, Godesberg, Chefredakteur Freih. von Manchenheim.

Ein *„Internationales Presse-Institut"*, I.P.I., mit dem Sitz in Zürich (gegr. 1951) hat sich den internationalen Schutz der Nachrichtenfreiheit und die Förderung guten Einvernehmens zwischen den Journalisten zum Ziel gesetzt. Er faßt Journalisten aus vielen Ländern der freien Welt zusammen und umfaßt auch ein „Deutsches Komitee". Fachblatt IPI Monthly Bulletin seit 1952, IPI Rundschau Zürich seit 1953.

6. Charakter- und Begabungsvoraussetzungen des Verlegerberufes

Unter dem Hitlerregime proklamierte der Präsident der „Reichspressekammer" als „Standesgrundgesetz" vor den Verlegern den Grundsatz: „Die Aufgabe jeder pressemäßigen Betätigung ist Dienst für Volk und Reich." Weiter hieß es: „Die wirtschaftliche Funktion des Unternehmens dient der geistigen Aufgabe der Zeitung" und „Das Verlegen einer Zeitung ist eine ‚öffentliche Aufgabe'".

Von diesen „Grundsätzen", die im Hitlerregime zu einer Zwangsausrichtung auf die totalitäre Staatsgewalt mißbraucht wurden, sind die beiden letzten der gesunden demokratischen Grundauffassung entnommen, die beim Ausbruch des Hitlerregimes in dem letzten während der Weimarer Zeit vorbereiteten Entwurf eines Pressegesetzes vom Min.-Rat Haentzsche entworfen wurde, aber nicht mehr vor den demokratischen Reichstag kam. Die Anerkennung der *öffentlichen Aufgabe* der Zeitung zwingt den Verleger, diese Treuhänderschaft der Öffentlichkeit ernst zu nehmen. Er muß diese öffentliche Aufgabe „auf

1) „Zeitung als Aufgabe. 60 Jahre V. d. Z. V." Wiesbaden 1954.
2) Z. V. Jg. 51, Nr. 14 „Geschichte und Aufgabe der Gründung".

privater Grundlage"[1]) führen. Die totalitäre Publizistik und ihr Zeitungswesen können von staatlichen Subventionen, Zwangsabonnements in politischer Protektionswirtschaft leben, die demokratische Publizistik und ihr Zeitungswesen haben sich im freien Wettbewerb aus ihrer geistigen Leistung und ihrer freiwirtschaftlichen Tüchtigkeit zu behaupten. Hier ist die Zeitung ein privates Wirtschaftsunternehmen mit einem öffentlichen Auftrag. Er soll ihr „Gewissenssache" sein, die aber durch kluge kaufmännische und tüchtige technische Leistung möglich werden muß, oft gegen sehr materielle Kräfte eines skrupel- und gesinnungslosen Wettbewerbs. Das zu leisten ist die schwierige Aufgabe des Verlegers im Pressewesen der demokratischen Staatsform, eine Leistung, die Voraussetzung der inneren Freiheit auch der deutschen Presse ist.

In seinen Berufsvoraussetzungen muß der Verleger Publizist, Kaufmann und Buchdrucker (Techniker) sein. Er hat so die drei Grundelemente der Zeitung — die geistigen, technischen und wirtschaftlichen — zusammenzubringen und in seiner Arbeit zu vereinen[2]). Neben seine fachlich-kaufmännische und fachlich-buchdruckerische Vor- und Durchbildung tritt also die Notwendigkeit des eigenen publizistischen Urteils und die Fähigkeit echter politischer Entscheidung. Verleger, die dieser geistigen Aufgabe nicht gewachsen sind, entgleiten leicht in das rein Wirtschaftliche, womit das Unternehmen seiner öffentlichen Aufgabe und damit seinem eigentlichen Zwecke entfremdet wird.

Sehr wichtig ist daher, daß diese Begriffe im beruflichen Ethos der Zeitung bestimmt sind und daß organisierte Standesgemeinschaften sie anerkennen, verkünden und im Rahmen der gegebenen individuellen Freiheit dafür eintreten, daß sie beachtet werden, da im demokratischen Staat Wesen, Natur und Umfang der öffentlichen Aufgaben weder staatlich dekretiert noch durch Gesetz auferlegt wer-

1) vgl. Ehmer, Wilh., „Standesgesetze des Zeitungsverlegers", Zeitungs-Verlag und Zeitschriften-Verlag, Jg. 51, 9/10, S. 409 ff. u. Jaenecke, Walter, Pressefreiheit und Privateigentum, a. a. O. S. 1614.

2) vgl. Ehmer a. a. O., S. 410.

den können. Die Gründung der Standesgemeinschaften der Presse ist daher eine Voraussetzung gesunder Weiterentwicklung der Pressefreiheit, ein Mittel, sie vor Mißbräuchen zu hüten und sie so zu erhalten.

Ebenso wichtig ist auch innerhalb der Zeitungsunternehmen selbst der rechte Zusammenklang der geistigen, wirtschaftlichen und technischen Kräfte. Es müssen auch die Persönlichkeiten zusammenwirken, denen diese Kräfte anvertraut sind: Verleger und Redakteur.

7. Die Zusammenarbeit Verleger — Redakteur

Aus den Anfangsjahren der liberalen Journalistik stammt die Einrichtung des „Verantwortlichen Redakteurs" (vgl. II, S. 5). Nach dem Gesetz ist es bis heute der Redakteur, nicht der Verleger, der diese gesetzliche Verantwortung trägt[1]). Das liegt auch in der Natur der redaktionellen Arbeit begründet; nicht der durch seine Unternehmeraufgabe vielfach beanspruchte Verleger leistet sie, sondern der Redakteur. Ihm ist die tägliche Gestaltung des Inhaltes der Zeitung anvertraut. Er entscheidet über Form und Inhalt des zu veröffentlichenden Stoffes. Er ist ebenso in das Tempo wie in die meinungsmäßige Wertung des Zeitgeschehens Tag für Tag hineingezogen, und er muß dieser Arbeit innerlich verbunden sein. Ein hohes Maß von Selbständigkeit ist aber die Voraussetzung dieser Grundeinstellung. Journalistische Arbeit muß gern getan sein, aus eigenem Antrieb und in freier Bewährung, sonst gelingt sie nicht. Der kluge Verleger wird in diese Selbständigkeit so wenig wie möglich und nur dann eingreifen, wenn es im Gesamtinteresse der Zeitung erforderlich ist[2]). Die erfolgreiche Zeitung entsteht als das Ergebnis der Arbeits-

---

[1]) Jüngere, presserechtliche Bestrebungen gehen dahin, auch den „Verantwortlichen Verleger" zu schaffen, vgl. § 13 des Entwurfes eines Bundespressegesetzes. Lüders a. a. O., S. 269. Ferner gemeinsamer Entwurf eines Pressegesetzes des Vereins Deutscher Zeitungsverleger und des Verbandes der Zeitschriften-Verleger §§ 4 und 5. Der Modellentwurf für ein Landespressegesetz bestimmt in seinem § 20 eine strafrechtliche Verantwortung des „verantwortlichen Redakteurs und des Verlegers".

[2]) vgl. dazu treffend formuliert Ehmer a. a. O., S. 410.

gemeinschaft zwischen Verleger und Redakteur im Geiste gegenseitigen Vertrauens, gleicher Auffassung und Überzeugung. Es steht schlecht um eine Zeitung, wenn diese Verbundenheit zerbricht. In allen Gesetzentwürfen, Sozial- und Tarifverträgen wird von dieser Arbeitsgemeinschaft ausgegangen. Schon der erste Tarifvertrag zwischen den Verbänden der Verleger und Redakteure vom 9. Januar 1926, der eine „Arbeitsgemeinschaft der Deutschen Presse" begründete, erklärt im

> § 1: „Die Zusammenarbeit von Verleger und Redakteur ist bedingt durch die Pflicht zur Wahrnehmung öffentlicher Interessen durch die Zeitung. Es darf daher vom Verleger auf den Redakteur kein Gewissenszwang ausgeübt werden.
>
> Dem Redakteur wird im Rahmen der mit dem Verleger vereinbarten politischen oder wirtschaftlichen oder kulturellen Richtlinien für die Redaktionsführung die geistige Bewegungsfreiheit auch bei der Gestaltung des Textteils im einzelnen gewährleistet."

Es gilt also, den in der Redaktion tätigen, publizistisch bewegten, oft auch kämpferisch bestimmten Persönlichkeiten jene Freiheit und Eigenart zu lassen, die die Grundbedingung jedes erfolgreichen geistigen Schaffens ist. Dem ist auch dadurch Rechnung getragen, daß im Falle des Besitzwechsels eines Blattes oder einer Richtungsänderung dem Redakteur vertragliche Sicherungen gewährt sind[1]) (s. I, S. 41). Erfahrene Verleger vermitteln den Redaktionen ständig lebenswichtige Erfahrungen, ohne damit die geistige Linie unter Druck zu setzen. Der Verleger ist ja im geschäftlichen Teil der Zeitung, in der Bezieherwerbung und im Anzeigenwesen ohnedies auf kluge Nutzung dieser Kenntnis angewiesen. Niemals darf sich der Verleger, soll seine einende und sammelnde Arbeit gelingen, auf *eine* Seite der Zeitungsarbeit festlegen, wohlmöglich gerade auf die Seite, von der er selber herkommt. Es hat auch im deutschen Zeitungswesen Verleger gegeben, die die Zeitung vom Standpunkte des Anzeigenwerbers als krasse Ge-

1) s. auch Manteltarif vom 8. 1. 1960, siehe S. 41.

schäftsleute führten und, wenn es möglich gewesen wäre, die ganze Redaktion als unnütze Unkostenquelle gerne abgebucht hätten. Sie haben in der deutschen Presse wesentlich mehr Unheil angerichtet als Verleger, die aus dem Journalistischen kamen und denen es nicht gelang, den wirtschaftlichen Aufgaben voll gerecht zu werden. Alle großen Verleger in der Geschichte der deutschen Presse, von Cotta, dem sein Wirken eine „öffentliche Magistratur" war, bis auf die Gegenwart, haben „das Schwergewicht des Zeitungsverlages, richtig verstanden, immer auf die geistige Seite gelegt"[1]). Angesichts der natürlichen und notwendigen Spannungen innerhalb des Zeitungsbetriebes wird der Verleger immer dahin wirken müssen, daß gerade die am meisten entgegengesetzten Kräfte sich am besten verstehen lernen. Um dazu zu kommen, sollte er selbst alle Abteilungen praktisch durchlaufen haben. Der im Bewußtsein der gemeinsamen, öffentlichen Verpflichtung lebendigen Zusammenarbeit zwischen Verleger und Redakteur ist heute die *publizistische Gesamtaufgabe der Zeitung* anvertraut, und über ihren eigenen Betrieb hinaus das Ansehen und die Geltung des deutschen Zeitungswesens überhaupt. Mit der Fortentwicklung der Freiheit der Presse und deren Sicherung innerhalb der Demokratien ist nach dem zweiten Weltkrieg die Idee der Selbstdisziplinierung der Presse mehr und mehr zur Wirkung gekommen. So begann England mit Gründung eines „General Council of the Press" und in der Bundesrepublik wurde 1956 der *„Deutsche Presserat"* gegründet als ein „erfreuliches Zeichen für die Selbstachtung der Presse" (Th. Heuss). Aufgabe und Verpflichtung des Deutschen Presserates und seine Bedeutung für die Verteidigung der Pressefreiheit ist im Schlußkapitel eingehend dargestellt (vgl. Bd. II, S. 149).

Nach den Grundsätzen des Deutschen Presserates und den hier dargestellten im Zeitungswesen auftretenden per-

[1]) Robert Faber 1913 in Bremen; vgl. Dovifat, E. „Die Zeitungen", Gotha 1925 und Jaenecke, W., Pressefreiheit und Privateigentum, 1960, a. a. O S. 1614.

sönlichen Kräften, ergänzen wir den oben gegebenen Begriff (vgl. S. 7) der Zeitung:

Die Zeitung vermittelt im Dienste des Tages, aber verantwortlich, in öffentlicher Verpflichtung jüngstes Gegenwartsgeschehen in kürzester regelmäßiger Folge der breitesten Öffentlichkeit.

Im Dienste des Tages und aus einer Verpflichtung für die Öffentlichkeit heraus fordert die Zeitung zähe Arbeit, rastlos fortlaufend, in ständigem Bemühen, verständlich, klar, überzeugend und wirksam zu sein. Es gilt, den großen Schwung des Geistigen auch in der Welt des Alltags zu erhalten. Anonyme, zähe Kleinarbeit mit der Sicht auf eine große Aufgabe, ist eine der Voraussetzungen des Zeitungserfolges. Die große Aufgabe des Zeitungsmannes aber in der industrialisierten Massengesellschaft besteht darin, auch den letzten Leser von der Bedeutung und dem Wert der politischen Arbeit zu überzeugen, ihn zur bejahenden Mitwirkung und Beteiligung zu bringen, zur praktischen Mitverantwortung, die bei jedem einzelnen geweckt werden muß, soll die freie Demokratie nicht wieder in einem suggestiv gelenkten Massenstaate untergehen. *Diese* Aufgabe der Zeitung kann gar nicht ernst genug genommen werden, und wird noch lange nicht ernst genug genommen. Es gilt weiterhin vom Zeitungsmann *Karl Büchers* Wort:

„Was verschlägt es, wenn es Münze kleinster Stückelung ist, die die Zeitung ausgibt. Ist die Prägung gelungen, ist die Währung echt, so geht sie über in den allgemeinen Kulturschatz der Nation, mag auch den Münzmeister niemand kennen und nennen“[1]).

Die menschlich-berufliche Aufgabe der Zeitungsarbeit hat ein menschlich wie beruflich und politisch gleich bewährter Journalist, der Altbundespräsident *Theodor Heuss*, in die Sätze zusammengefaßt:

„Demut und Tapferkeit sind die wesentlichen Eigenschaften des wirklichen Journalisten: Demut, um die Grenzen der eigenen Fähigkeit zu erkennen, und durch ständiges

---

1) Gesammelte Aufsätze zur Zeitungskunde, Tübingen 1926.

Streben nach Vervollkommnung der wissensmäßigen Grundlagen kann der Mann der Presse zu einem tapferen Menschen werden"[2]).

II. TEIL

Die Nachricht

1. Das Wesen der Nachricht

Die *Nachricht* durchdringt die Zeitung in allen ihren Teilen. Nachricht und Zeitung bedeuten sprachlich das gleiche. Vom bloßen, nüchtern festgelegten Tatbestand bis zur leidenschaftlichen politischen Willensführung, von der großen staatspolitischen Entscheidung bis zur väterlichen Beratung des Lesers in allen Lebenslagen, von den erregenden Meldungen aus ersten Kriegstagen und dem Unheil einer Naturkatastrophe bis zu dem der Zeit und ihren Freuden und Leiden zugewandten Roman, überall ist von der Nachricht her Gegenwartsnähe, Tatfrische, wache Eile und Bewegung in jeder Sparte tätig, überall wird Wißbegier, Spannung, innere Beteiligung erweckt. Vom Geistigen übersetzt sich diese Einwirkung ins Technische, in den Zeilenlauf, die Breite und Höhe der Buchstaben, die Formen und Farben der Seitenbilder. Sie beflügelt auch die rasende Schnelle der Rotationen und hat vorher schon bei den Nachrichtenmitteln, beim Fernsprecher, Fernschreiber und Funk um Sekunden gefeilscht. Was ist das *Wesen der Nachricht?*

Nachrichten sind Mitteilungen über neue im Daseinskampf des Einzelnen und der Gesellschaft auftauchende Tatsachen.

Zur Nachricht gehört somit:

a) daß sie dem Empfänger von Wert und Nutzen ist, b) daß sie neu, d. h. sofort übermittelt ist, c) daß sie durch einen Dritten mitgeteilt und also dessen subjektiver Beeinflussung ausgesetzt ist. Diese Einwirkung reicht vom unbewußten vielleicht sogar physiologisch verursachten Über-

---

[2]) Theodor Heuss in einem Pressekursus in Bad Boll, März 1952.

mittlungsfehler bis zur *bewußten Ausrichtung der Nachricht,* einen bestimmten Willensentschluß im Nachrichtenempfänger hervorzurufen.

a) Wert und Nutzen für den Empfänger

Daß die Nachricht für den Empfangenden von Wert und Nutzen sein muß, erhellt ohne weiteres schon die Wortwurzel. Nachricht ist eine *„Mitteilung zum Darnachrichten"* (Grimms Deutsches Wörterbuch). Das Wort kam erst im 17. Jahrhundert auf. Es nahm die Stellung des alten Wortes „Zeitung" ein, doch ist die Nachricht selbst so alt wie die Menschheit. Sie formte die Ur- und Anfangsbeziehungen der Gemeinschaft, sogar schon der tierischen Welt. Schon Ameisen [1]) und Bienen haben ihre Nachrichtendienste. An diese Uraufgabe der Nachricht soll erinnert sein, wenn in der vorstehenden Begriffserklärung vom „Daseinskampf des Einzelnen und der Gemeinschaft" die Rede ist. Die Vielfältigkeit des öffentlichen Lebens hat heute gewiß diese Wesensvoraussetzung der Nachricht stark abgeschwächt, doch bleibt ihre Natur immer mit diesem Daseinskampf, wenn auch nur entfernt und sehr mittelbar, verbunden. Und darin liegt ihre Bedeutung. Im Eingeborenendorf ist Trommellärm das Nachrichtenzeichen für den Einbruch wilder Tiere, das Herannahen des Feindes u. a. mehr. Die Luftschutzsirene ist ein Nachrichtenmittel und ihr Geheul eine unheilverkündende Nachricht. Aber auch unwichtig erscheinende Nachrichten, selbst solche, die im Gerücht oder Klatsch weitergetragen werden, erregen uns aus dem Menschlichen heraus, das sie enthalten. Große Ereignisse aber lehren uns die entscheidende Bedeutung der Nachricht sehr eindringlich. Man denke an die Nachrichten, die über Leben und Tod von Millionen entschieden, so am 4. August 1914, 1. September 1939, 22. Juni 1941, 13. August 1961 die Absperrung Ostberlins und der sowjetisch besetzten Zone vom übrigen Deutschland u. a. m. Das

---

[1]) vgl. Eidmann, H. „Das Mitteilungsvermögen der Ameisen", Die Naturwissenschaften, Jg. 13, H. 7 sowie Frisch, K. v., Aus dem Leben der Bienen, Heidelberg 1959.

sind Gipfelpunkte entscheidenden Zeitgeschehens, markanteste Nachrichten. Aber von ihnen abwärts bis hinab in das gewöhnliche Alltagsleben bleibt jede Nachricht mittelbar mit den lebenswichtigen Interessen bestimmter Gruppen oder der Gesamtheit verbunden. Das gilt ebenso für den Börsenkurs wie für die Wetternachricht, für Auslandsnachrichten wie für die Meldung vom Eisenbahnunfall, vom drohenden Hochwasser, von der Verbreitung einer Seuche und allen Meldungen aus den Ereignissen und der Kleinwelt des umgrenzten (lokalen) Lebens. Es gilt auch für Mitteilungen von gesellschaftlichen Ereignissen, von Urteilen und Vorurteilen, Erfolgen und Mißerfolgen der Mitmenschen: *für den Menschen, der zunächst sich und die gesellschaftliche Umgebung, in der er lebt, in den Mittelpunkt der Dinge stellt, gewinnt eine Mitteilung immer dann Nachrichtencharakter, wenn vor allem die Beziehung zu seinen Lebensinteressen und denen seiner Mitwelt, seines Volkes, herstellbar ist.* In dieser Eigenart der Nachricht wurzelt der Lesereiz der richtigen wie der falschen Sensation, die auch z. B. zum Zwecke politischer Agitation die Instinkte anspricht. Die psychologische Technik der heutigen Sensationspresse geht bewußt von dem „I-Problem", d. h. dem Identifikationsproblem aus, also von der Frage: wie weit kann sich der Leser mit dem Inhalt dieser Meldung identifizieren. Nur dann ist sie wichtig. Es ist natürlich falsch, diese Technik zu verallgemeinern, zumal die ernste Presse wird das niemals tun. Das moderne Nachrichtenwesen unterrichtet im weitesten wie im engsten Sinne den Menschen über alles, was sich mit ihm und um ihn in seiner Umwelt und unter den Mitmenschen ereignet hat und — gegebenenfalls — sein Tun und Handeln bestimmt. Es bewirkt, daß er sich „darnach richte". Die Theoretiker der Nachricht sprechen von einem „Richtungsstoß", den sie gibt[1]). „Nachrichten werden zur unmittel-

[1]) Traub, Hans „Grundbegriffe des Zeitungswesens", Stuttgart 1933, S. 30 ff.; Krumbach, Joseph Hardy „Grundfragen der Publizistik", Berlin 1935, möchte diese Kernnatur der Nachricht leugnen, muß sie aber S. 33 und S. 131 zugeben.

baren Ursache unseres Tuns. Sie lösen durch ihre psychischen Wirkungen menschliches Handeln aus. Sie stellen die geheimnisvollen Quellen dar, aus denen das tausendfältige Leben der menschlichen Kultur sprudelt“[1]).

Also gibt letztlich das persönliche Interesse der *Nachricht ihren Wert.* Wegen dieses Wertes wird sie auch ein Gegenstand, der als Ware gesammelt, befördert und gewerbsmäßig oder zu Werbezwecken verbreitet wird. Diese Eigenart enthält (charakterisiert) eine der Wurzeln der Zeitung und später auch der Nachrichtenbüros (vgl. S. 64), die in ihren Anfängen (vgl. S. 65 f.) als Nebengewerbe des Zeitungsunternehmens regelrecht Nachrichten kaufen und verkaufen, also einen Nachrichtenhandel betreiben.

Aus dem Wert der Nachricht für den Empfänger folgert aber nicht nur deren wirtschaftliche Nutzung, sondern ganz allgemein auch die Lust an ihrer Verbreitung, die sogenannte *Nachrichtenfreude.* Sie wird gesteigert durch das Interesse, das die Verbreiter selbst an der willensbildenden Ausrichtung ihrer Nachrichten nehmen. So wächst eine allgemeine Mitteilungsfreudigkeit. Mit der Wiedergabe von Nachrichten oder nachrichtenähnlichen Erzählungen macht man sich beim Empfänger nützlich, beliebt, oft auch wichtig. Im Kinde zeigt sich dieser Trieb rührend und ungehemmt. Das Mittelalter vergalt die wertvolle Nachricht durch einen besonderen „Botenlohn“. In diesem psychologischen Mitteilungsbedürfnis liegen auch die Quellen für den *Klatsch* und eine der Ursachen für die erstaunlich und unbegreiflich schnelle Verbreitung des *Gerüchtes,* das in der politischen Willensbildung der Gegenwart nie ernst genug genommen wird. Die totalitäre Welt nutzt und organisiert bewußt das Gerücht als Mittel der Meinungsführung. Aber das Gerücht ist auch ihr gefährlicher Feind. Gegen entstellende und verzerrende Gerüchte ist die *freie Presse* und das Vertrauen, das ihre Leser in sie setzen, das beste Gegenmittel.

---

1) MacDougall, William, „The Group Mind“, Cambridge 1921; ferner Hofstätter, Psychologie, Frankfurt und Hamburg, 1959, S. 112; ferner: Rudolf, H. J., Attention and Interest, New York, 1947 S. 59.

b) Die Schnelligkeit der Übermittlung

Die Schnelligkeit der Übermittlung bleibt immer die Voraussetzung für den Wert der Nachricht. Veraltete Nachrichten sind nicht nur wertlos, sie sind auch lächerlich, wie es ein Mensch ist, der Nachrichten von vorgestern erzählt oder Zeitungen von gestern verbreitet. Die Nachricht und mit ihr die Zeitung gehört volkswirtschaftlich zu den „Zeitgütern" (Bücher). Sie ist eine leichtverderbliche Ware. Man muß sie verbrauchen, ehe sie überholt und nicht mehr absetzbar ist. So wurde schon im frühesten Nachrichtenverkehr alle verfügbare technische Kraft für die Schnelligkeit der Übermittlung ausgenutzt. Sichtbare und hörbare Mittel werden allein oder gemeinsam zur Beschleunigung eingesetzt.

Die Trommelsprache mancher Naturvölker erreicht im Lauf über bereitstehende Postenketten eine kaum begreifliche Schnelligkeit. Ähnliches galt von den Schreiposten der Perser. Für die Anwendung sichtbarer Zeichen sei an die Feuersignale erinnert. Aus verabredeten Signalzeichen entwickelte sich schon im Altertum eine Telegraphie, ein Fernschreiben. Wolfgang Riepl[1]) hat ein römisches Fackelalphabet nachgewiesen, das dem 2000 Jahre später entwickelten Morsesystem schon ganz nahe steht. Später durch die elektrischen Nachrichtenmittel übernommen, ermöglichte es die mittelbar sichtbare Wiedergabe durch die geschriebene Depesche. Daneben hat in primitiven Formen das unmittelbar hörbare Nachrichtenmittel immer fortbestanden. Im modernen Rundfunk ist es dann wieder in größtem Ausmaß und in vielfältiger Anwendung weiterentwickelt worden. In der Nutzung der sich verbessernden Nachrichtenmittel ist die Zeitung immer vorangegangen. Mit der Post und durch sie ist die Zeitung gewachsen. Sie hat die Dampfkraft, später den elektrischen Telegraphen und den Wort- und Bildfunk, lange bevor die Öffentlichkeit sie nutzte, für sich in Anspruch genommen und entwickelt.

Die Zeitung hat, in geschäftlicher und politischer Nutzung der Nachricht, auch die Nachrichtenmittel zu immer gesteigerter Schnelligkeit und Zuverlässigkeit entwickelt.

---

[1]) *Riepl*, Wolfgang, a. a. O., S. 150 ff.

Für die zeitungsmäßige Verbreitung der Nachricht ist neben der Schnelligkeit ihrer Beschaffung ebenso die Schnelligkeit der Herstellung sowie des Vertriebes der Zeitung entscheidend. Auch hier wird das Zeitungsunternehmen technisch führend. Es entwickelt die Schnelligkeit von Satz und Druck zu immer größerer Beschleunigung. Es finanziert Unternehmen und Versuche, die diesem Zwecke dienen. Auch für den Vertrieb setzt es die schnellsten Beförderungskräfte ein. Von der Postkutsche, dem Dampfschiff, der Eisenbahn, dem eigenen Boten, dem Radler und dem Kraftwagen bis zum Flugzeug hat ein Verkehrsmittel im Dienste des Zeitungsvertriebs immer das andere überholt. Das Straßenverkaufsblatt („Boulevardblatt") sucht den kürzesten Weg zum Leser. Es erwartet ihn nicht in seiner Wohnung, sondern spricht ihn schon in der Mittagspause (Mittagsblätter) oder auf dem Heimweg (Spätabendblätter) auf der Straße an.

In dieser fortgesetzt heftiger vorbrechenden Eile der Übermittlung liegt ebenso wie in der Form der Mitteilung auch eine *Fehlerquelle.* Die Nachricht unterliegt subjektiven Einflüssen.

c) Subjektive Beeinflussung

Weil die Nachricht eine „Mitteilung" ist, fließt sie durch das Subjekt des Mit-teilenden, ist sie den subjektiven Einflüssen dieses Mitteilenden ausgesetzt. Es gibt allerdings Nachrichten, die keinerlei subjektiver Beeinflussung unterliegen, z. B. eine Wasserstandsmeldung, ein Börsenkurs, eine Preisnotierung. Die Nachricht in jedem Falle als eine „gesteuerte und ausrichtende Meldung" zu bezeichnen, hieße bestimmte, wichtige Nachrichtengruppen einfach ausschließen. Doch können auch sie auf Grund mannigfaltiger physiologischer Unvollkommenheiten der Übermittler unabsichtlich verändert oder falsch werden.

Das hat zunächst dann rein technische Ursachen, z. B. Schreib- und Hörfehler, Satzfehler u. a. m. Diese Fehler können ganz oder nahezu ausgeschaltet werden. Die zweite Fehlerquelle aber beruht auf seelisch-körperlichen Anlagen und ist nicht auszuschalten. Gesetzt den Fall, die Nachricht wird durch Augenzeugen des Ereignisses — also nicht nach späterer Nachforschung oder auf Grund von Hörensagen — festgelegt, so unterliegt schon der Augenzeuge des Ereignisses all den mannigfachen Fehlbeobachtungen, die in der Literatur über die Psychologie der Zeugenaussagen so eingehend behandelt worden sind. Man ermittelte, daß selbst bei Aufwendung starker Beobachtungsenergie und ausgesprochener Beobachtungsfähigkeit die Aussage eines einzelnen unzuverlässig bleibt. Sie bedarf einer Ergänzung und Berichtigung durch den Vergleich der Aussagen verschiedener Personen.

Für die Nachricht, wie sie die Zeitung braucht, treten weitere subjektive Fehlerquellen hinzu. Die Notwendigkeit beschleunigter Übermittlung verlangt Berichterstattung auch über Vorgänge, die noch nicht abgeschlossen sind, die also auch noch zu anderen Ergebnissen führen können, als ihre Beobachter sie glaubten vorauszusehen.

Von starker Einwirkung auf den Inhalt einer Nachricht ist auch ihre stilistische Gestaltung und Aufmachung. Diese wiederum ist in Tempo und Temperatur durch die Einstellung mitbestimmt, die der Berichtende zu dem Berichteten einnimmt. Außerdem ist jede Nachricht von dem Wortschatz und der Vorstellungswelt des Volkes beeinflußt, zu dem der Berichtende gehört, eine Tatsache, die in der internationalen Verbreitung der Nachricht kaum ernst genug genommen werden kann. Schon diese Prägung aus der nationalen Eigenart des Berichtenden mengt der Nachricht subjektive Elemente bei, so sehr der Berichtende auch die Absicht haben mag, „objektiv" zu bleiben. Bei der Beurteilung jeder Nachricht, sie komme aus der Zeitung, dem Rundfunk oder dem Film, sollte man sich die Tatsache dieser Einwirkungen immer vergegenwärtigen. Eine ihrer Verantwortung bewußte Zeitung wird die sachliche Richtigkeit ihres Nachrichtendienstes ständig kontrollieren. Sie wird „nach bestem Wissen" berichten, kann sich aber, zumal bei ihren oft schwierigen Arbeitsbedingungen und deren Fehlerquellen, Mängeln und Fehlmitteilungen nicht entziehen. Sie weiß darum und rechnet damit. *Nicht „objektiv wahr" kann die Zeitung sein, wohl aber subjektiv wahrhaftig.* Man stelle sich eine rein „objektive" Zeitung vor. Sie würde wie ein Aufbau mathematischer Formeln aussehen und beim ersten Rechenfehler stürzen. Zudem würde sie überhaupt nicht gelesen werden.

Sind subjektive Einflüsse derart schon bei der Formung und Findung der Nachricht am Werke, so werden sie bei der Auswahl und Zusammenstellung der Zeitung noch sehr verstärkt. Jede *Auswahl,* jedes Herausarbeiten und Betonen einer Nachricht ist ein Vorgang subjektiver Natur. England und Amerika haben das Ideal der „objektiven Zeitungsnachricht" verkündet und trennen die „facts" von der opinion, den „comments" („comments are free, but facts are sacred"). Sie bringen diesen Grundsatz auch in der graphischen Aufteilung der Zeitung zur Geltung. Unter ihrem Einfluß haben z. B. die deutschen Blätter in der englischen Besatzungszone nach 1945 in einer Grundgliederung Nachrichten und Meinungsseiten getrennt und das inzwischen wieder aufgegeben. Im klaren muß man sich aber darüber sein, daß auch die als „facts" von der „opinion" isolierte Tatsachenberichterstattung den subjektiven Beeinflussungen unterliegt, von denen oben die Rede war.

Die Fehlerquellen der Nachricht ergaben sich somit:

1. aus physiologischen Fehlern der Berichtenden (Verhören, Versehen, Übersehen),
2. aus technischen Fehlern der Übertragung (Schreibfehler, Satzfehler, Übertragungsstörung),
3. aus der psychologischen Einstellung der Berichtenden zum Ereignis (zustimmend, ablehnend, gefühlsmäßig erfaßt, gleichgültig, verständnislos, kritiklos usw.).

Damit sind die Fehlerquellen bezeichnet, die auch bei starkem Streben zur Wahrhaftigkeit gar nicht auszuschalten sind.

Dann erst beginnt die bewußte Nutzung der Nachricht zu ganz bestimmten Zwecken und die Technik, Nachrichten zu unterschlagen, um zu verhüten, daß sie wirken. Es können politische, persönliche oder auch zeitungsgeschäftliche Motive Ursachen solcher Nutzung sein, wobei die Gefährlichkeit darin liegt, daß Objektivität und Wahrhaftigkeit des Nachrichtendienstes weiter vorgetäuscht werden, während eine bestimmte Ausrichtung bewußt und berechnend eingebaut ist. Dies ist ein in der Politik, ja im ganzen öffentlichen Leben täglich geübter Vorgang. Wir nennen ihn *Nachrichtenpolitik. Nachrichtenpolitik ist die bewußte Beeinflussung der Öffentlichkeit durch Verbreitung bestimmter Nachrichtengruppen oder Zurückhaltung anderer Nachrichtengruppen.*

Nachrichtenpolitik ist seit jeher ein Mittel, die öffentliche Meinungs- und Willensbildung durch bestimmt gruppierte und markierte Nachrichten in eine gewollte Richtung zu lenken. Dabei kann der Grad der Beeinflussung mit einer zunächst noch natürlichen, z. B. sprachlichen Dehnungs- und Darstellungsmöglichkeit eines Ereignisses beginnen, aber mit bewußter Fälschung enden.

Diese Technik des „Richtungsstoßes" aus wahren und falschen Nachrichten ist besonders ein Mittel der Politik, vor allem in der Massenführung. Es gilt das Wort des Epiktet: „Non res, sed rerum opiniones." Daher die Konzentrierung und Kontingentierung aller Nachrichten im Kriege. Dabei war es das Bemühen aller Ämter, auch in der freien Welt, die von ihnen bewirkten und beeinflußten politischen Ereignisse in der ihnen geeignet erscheinenden Form in die Öffentlichkeit zu bringen (siehe Presseämter S. 98). Die totalitäre Welt operiert mit einer bis ins letzte kalkulierten und konstruierten Nachrichtenpolitik, indem sie gleichzeitig jede anderweitige Unterrichtung terroristisch unterbindet. Daraus ergibt sich eine nicht nur einseitige, sondern im Keime gefärbte Sicht auf Menschen und Dinge. Schon im Vokabular der Sprache tut sie sich eindeutig kund. In der großen Politik erhebt sie die Lüge zu einer Weltmacht. Deshalb wehrten sich z. B. in den Nachrichtenkommissionen der UN die sowjetischen Vertreter gegen jede Form freier Zugänglichkeit und freier Verbreitung der Nachrichten (vgl. S. 86).

Besonders wirkungsvoll wird die Nachrichtenpolitik da, wo sie in Ausnutzung aktueller Situationen stoßweise aktuelle Wirkungen erzielt. Es entsteht dann der sogenannte *Nachrichtenschock*. Gleich einer Welle stürmt er durch das öffentliche Meinen und erzielt gewisse, oft falsche, aber von den Interessierten bewußt herbeigeführte Massenentscheidungen. Ein historisches Beispiel ist die „Emser Depesche“ 1870, die Frankreich zur Kriegserklärung gegen Deutschland trieb. Einer der größten Nachrichtenschocks in der modernen Geschichte ist der von Hitler angezettelte Reichstagsbrand am 27. Februar 1933, der den Kommunisten in die Schuhe geschoben wurde. Er begründete die diktatorische „Notverordnung zum Schutze von Volk und Staat“ vom 28. Februar 1933 und beeinflußte die letzten demokratischen Wahlen (6. März 1933) stark zugunsten der Nationalsozialisten. „Nachrichtenschocks“, freilich weniger dämonisch und oft harmloser Herkunft, sind z. B. in Wahlkämpfen üblich. In einer freien, demokratischen Öffentlichkeit werden sie bald aufgeklärt und überwunden. Vor ihrer taktisch überraschenden Wirkung immer auf der Hut zu sein, gehört zur Natur des politisch arbeitenden Menschen.

Die *Bildnachricht* (Kameranachricht) unterliegt den gleichen Gesetzen wie die Wortnachricht. Die jüngste technisch-photographische Entwicklung erlaubt es immer häufiger, der an die Bildnachricht gestellten Forderung, das Ereignis im Höhepunkte des Geschehens im Bilde festzuhalten, zu genügen („Show it in action“).

Trotz der scheinbaren technischen Zuverlässigkeit der Bildreportage sind die subjektiven Einflüsse hier ebenso stark wie in der Wortnachricht. Ebenso stark ist auch ihr nachrichtenpolitischer Einsatz. Lüge und Fälschung sind neben sachgemäßer und zuverlässiger gelegentlich auch genialer Leistung hier häufig. Gerade weil man die Neigung hat, dem Lichtbild mehr zu glauben als dem Wort („photographisch getreu“), sind gefälschte Bildberichte — wie sie durch Ausschneiden, Einkopieren, Retuschieren, durch phantastische Photomontagen und falsche Unterschriften leicht zu erzielen sind — heute gefährliche Waffen des niedrigen politischen Kampfes. Die Verfeinerung der Aufnahmetechnik führt außerdem dazu, Menschen und ihre Gesichtszüge in Übergangshaltungen zu fixieren, sie im verzerrenden, mindestens uncharakteristischen, im „eingefrorenen“, mit dem normalen Auge gar nicht wahrzunehmenden Mienenspiel festzuhalten, wodurch einseitige, oft auch fälschende Bilder entstehen. (Politiker mit offenem Munde während einer Rede, Staatsmann beim Essen, Konferenzteilnehmer „schlafend“, d. h. mit gerade in der Blitzaufnahme gesenkten Lidern, Photos von unten her in die Nasenlöcher usw.). Wir sprechen hier von *„Zwischenzeiten“* und verstehen darunter eine oft sehr skrupellos ausgenutzte, tendenziöse Bildaufnahme.

Ergebnis: Die Nachricht trägt in fast allen ihren Formen *willensbildende* Kräfte in sich. Das liegt in ihrer Natur und ist nicht auszuschalten. Ausgenommen sind nur die rein sachlich feststellenden Nachrichten (Ziffern, Zahlen, Kurse, Notierungen). Indem die Zeitung „jüngstes Gegenwartsgeschehen“ in ihren Nachrichten übermittelt, vermittelt sie ihren Lesern die Grundlage der politischen Entscheidungen und tut das in der natürlichen, ihr in Erfüllung der öffentlichen Verpflichtung gestellten Aufgabe. *Jede* Zeitung, sie nenne sich „neutral“, „unpolitisch“, „überpolitisch“, „unabhängig“ oder ähnlich (vgl. II, S. 40), gibt ihren Lesern schon mit der Nachricht eine bestimmte Ausrichtung. Wer diese Tatsache leugnet, leugnet die Zeitung selbst. Er würde insbesondere der *subjektiven Wahrhaftigkeit,* die allerdings von der Zeitung verlangt werden muß, nie gerecht werden; er würde ihre Aufgabe erstarren lassen in der Nüchternheit und Dürre „protokollarischer Feststellung“.

Im Aufbau und in der Arbeitsweise der großen Nachrichtensammel- und Verbreitungsunternehmen der Welt treten alle diese Zusammenhänge uns klar entgegen.

2. Sammlung und Verbreitung der Nachrichten

Die Nachrichtenbüros

Das wäre der Idealzustand, wenn jede Zeitung sich ihre Nachrichten durch eigene Leute beschaffen, also das Ereignis schon im Entstehen gleichsam mit eigenen Augen sehen und beschreiben könnte. Diese ideale Vorstellung ist nie zu verwirklichen. Es hieße ein Netz von eigenen Vertretern ausspannen, von denen jeder, selbst wenn ihm nur wenige Quadratkilometer zur Berichterstattung überwiesen wären, auf fremde Hilfe sich verlassen müßte. Schon die geschichtlichen Anfänge der Zeitung bestehen zum großen Teil im „Weiterschreiben“ einlaufender Nachrichten, d. h. im mehr oder weniger urteilslosen Nutzen anderer Quellen, die nicht selbst erschlossen und nicht durch Augenzeugen geprüft waren. Danach erst kommen langsam die eigenen Vertreter. Solche Personen an allen wichtigeren Orten zu unterhalten, wurde aber für die Mehrzahl der Zeitungen in dem Augenblick unmöglich, als die elektrischen Verkehrsmittel die Entfernung aufhoben, die Schnelligkeit der Berichterstattung auf Minuten verkürzt und rund um den Globus ein Nachrichtensammelnetz gelegt wurde, das einer Atmosphäre gleich den Erdball einhüllte und jedes Ereignis von Nachrichtenwert in Minuten der gesamten Öffentlichkeit mitteilte. So wurde die hauptamtliche Verwaltung des Vertreterpostens notwendig. Ein Netz solcher Vertreter um die Welt zu spannen, das konnte nicht *ein* Blatt und konnten auch nicht einige wirtschaftsstarke Blätter schaffen. Das mußte ein eigenes selbständiges System, ein eigenes Hilfsgewerbe des Zeitungswesens tun, an dem *alle* Blätter teilnehmen konnten und auch teilnehmen mußten, wollten sie im Wettbewerb mit anderen Blättern nachrichtenmäßig nicht um Tage und Wochen zurückbleiben. So drängten wirtschaftliche Notwendigkeiten zur Verselbständigung der Weltnachrichtendienste. Es entstanden die Nachrichtenbüros.

Nachrichtenbüros sind Unternehmen, die mit schnellsten Beförderungsmitteln Nachrichten zentral sammeln, sichten und festen Beziehern weiterliefern.

Die meisten Nachrichtenbüros waren zunächst reine Erwerbsunternehmen. Sie haben sich aber als solche nicht selbständig behauptet, sind vielmehr meist Verbindungen mit anderen Zeitungshilfsgewerben (Anzeigenwesen, Korrespondenzen) oder Zeitungen eingegangen, oder aber sie fanden amtliche Aufmerksamkeit und wurden halb oder ganz offiziös. Anfangs nahm man die Nachricht wie eine *Ware*. Der in ihr für den Empfänger liegende Wert machte sie handelsfähig wie irgendeine andere Handelsware. Der Franzose *Charles Havas* vereinigte zwischen 1830 und 1840 ältere Korrespondenzunternehmen in seiner Hand und verbreitete Londoner Börsennachrichten, die er durch eine von ihm organisierte Taubenpost erhielt, in gewinnbringender Weise an Banken, Handelsfirmen und Zeitungen. So entstand die *Agence Havas,* das erste französische Nachrichtenbüro, an dessen Stelle heute die „Agence France Presse" getreten ist (vgl. S. 80). Überall zeigt sich die Börsennachricht — weil ihr Wert sich unmmittelbar in Geld umsetzen läßt — in diesem ersten, rein geschäftlich bestimmten Entwicklungsabschnitt der Nachrichtenbüros als Triebkraft neuer Gründungen. So überbrückte der in Kassel geborene Israel Beer Josaphat, der sich später *Reuter* nannte und im Büro Havas in Paris lernte, Ende 1849 beim Bau der Telegraphenlinie Brüssel—Aachen die zwischen dem jeweiligen Endpunkt der Linie und dem Endpunkt des preußischen Telegraphen in Aachen klaffende Lücke durch eine Taubenpost. Er brachte dadurch die Pariser Börsennotierungen um viele Stunden früher nach Berlin. Später ging er nach London, begann wieder mit der Sammlung und Verbreitung von Börsennachrichten, nahm dann allgemeine Nachrichten auf und wurde der Begründer der britischen Weltagentur *Reuter's Ltd.* (vgl. S. 76). In den Vereinigten Staaten finanzierte die Gemeinschaft der Hafenreporter in New York und Boston schnelle Segelboote, die den Europaschiffen entgegenfuhren und deren Nachrichten beschleunigt an Land schafften. Daraus entstand die große genossenschaftliche Agentur der Vereinigten Staaten: die *„Associated Press"*.

Wenige Wochen nach der Freigabe des elektrischen Telegraphen in Preußen (1849) suchte der Geschäftsführer der Nationalzeitung *Bernhard Wolff* die hohen Telegrammspesen dadurch für sein Blatt zu vermindern, daß er die Meldungen im Abonnement auch an andere Blätter und an kaufmännische Unternehmen weitergab. So entstand das *Wolffsche Telegraphenbüro* (vgl. S. 68), dessen Nachfahre nach manchen Übergängen heute im Bundesgebiet und in Westberlin die „Deutsche Presseagentur" ist (vgl. S. 68). Auch die ersten Nachrichten des Wolffschen „Büros" (W.T.B.) waren Wirtschafts- und Börsennachrichten, denen aber sehr bald die politischen folgten. Das Büro war, wie die meisten übrigen Büros der Gründerzeit, nach der Freigabe der elektrischen Telegraphie zunächst ein rein *kaufmännisches Unternehmen.* Die Regierungen aber brauchten sehr bald Nachrichtenunternehmen, die in allen lebenswichtigen Dingen des Staates schnell die ihr wichtigen Nachrichten an *alle* Zeitungen und damit an die breiteste Öffentlichkeit gelangen ließen. Außerdem bewiesen Zeit und Erfahrung, daß man die Nachricht zwar als „Ware" werten kann, daß es aber auch rein wirtschaftlich gesehen auf die Dauer schwer ist, den Nachrichtenhandel gewinnbringend zu machen, wie das ein rein kaufmännisches Unternehmen verlangt. Dieses Handelsunternehmen war mit großen geschäftlichen Wagnissen verbunden, die in politisch stürmischen Zeiten anwuchsen, ohne daß die Käufer der Ware im Preise hätten mitgehen können (Kriegszeiten). Und wenn gar, wie es in den 60er Jahren in Preußen dem Wolffschen Telegraphenbüro drohte, ein ausländischer Nachrichtenhändler, in diesem Falle Reuter, dem preußisch-deutschen Büro mit englischem Gelde in Deutschland das Wasser abgrub, so war es an der Zeit, die *politische* Natur dieser Nachrichtenunternehmen zu erkennen, ihren reinen Handelscharakter einzuschränken und sie nachrichtenpolitisch in eine gewisse Obhut zu nehmen. Das geschah beim Wolffschen Büro, indem Bismarck die Finanzierung des Büros durch Berliner Banken durchsetzte, dem Reuterschen Unternehmen die Handelsgenehmigung entzog und das Wolffbüro dafür in eine feste Verpflichtung zur Regierung brachte. Ähnliche Verbindungen, die den Büros staatliche Hilfe in irgendeiner Weise zusicherten, entwickelten sich bei einer Reihe europäischer Büros. So auch in Frankreich bei der *Agence Havas,* die verbilligte Telegrammkosten durch die französische Postverwaltung erhielt. Noch ehe Cavour zur Einigung Italiens kam, gab er einem der journalistischen Vorkämpfer der italienischen Freiheit *Guglielmo Stefani* 1853 in Turin den Auftrag, ein neu gegründetes Nachrichtenbüro zu übernehmen, das den Namen „Agenzia Telegrafica Stefani" erhielt (vgl. S. 90). Alle diese Büros hörten damit auf, rein kaufmännisches Unternehmen zu sein. Sie nahmen, mindestens für Teile ihres Dienstes, halb offiziösen Charakter an.

In den Vereinigten Staaten hingegen lehnte man feste offiziöse und offizielle Bindungen ab und baute das größte Nachrichtenbüro auf *genossenschaftlicher Zusammenarbeit* der Zeitungen auf („Associated Press"). Damit schuf man einen neuen Grundsatz der Nachrichtenorganisation, der nach dem zweiten Weltkrieg auch von den meisten europäischen Büros in entsprechender Anpassung an die vorherrschenden Rechtsformen durchgeführt wurde. Den Unternehmen wurden Aufsichts- und Verwaltungsräte gegeben, die sich aus Vertretern der verschiedensten politischen Richtungen zusammensetzten und damit die Überparteilichkeit gewährleisten sollen.

Die dritte Form, das *staatliche Nachrichtenbüro,* gab es vor 1914 nur im zaristischen Rußland und im früheren Österreich-Ungarn. Heute sind die Nachrichtenbüros der totalitären Mächte faktisch staatliche Unternehmen und unterstehen der Kontrolle und den Antrieben, die von der herrschenden Einheitspartei ausgehen.

a) Das deutsche Nachrichtenwesen

1. Die deutschen Presse-Agenturen

In Deutschland gab es bis zum Dezember 1933 zwei große, in heftigen Wettbewerb miteinander verstrickte Telegraphenbüros. Die offiziös gestützte Stellung der *„Continental Telegraphen Compagnie"*, wie der amtliche Titel des Wolffschen Telegraphenbüros (WTB) lautete, hatte zur Folge, daß mit Mitteln der Großindustrie unter der Leitung Hugenbergs und in politischer Opposition gegen das der Weimarer Regierung nahestehende Wolffsche Telegraphenbüro eine weitere Großagentur ins Leben trat, die *„Telegraphen-Union"* (TU) (Internationaler Nachrichtendienst G.m.b.H.), die im stärksten politischen und journalistischen Wettbewerb zum WTB arbeitete. Das Hitler-Regime konnte seiner totalitären Natur nach eine freie Gestaltung des Nachrichtenwesens nicht zulassen und vereinigte deshalb WTB und TU im Jahre 1934 zum deutschen Einheitsnachrichtendienst, dem *„Deutschen Nachrichtenbüro"* (DNB).

Nach dem Zusammenbruch wurden in Deutschland die ersten Nachrichtendienste zunächst durch die Alliierten in halb militärischer Form in Gang gebracht. Daraus erwuchsen schon 1946, nach Zonen geschieden, Nachrichtenbüros amerikanischer, englischer, französischer und sowjetischer Gründung, die sehr bald mit deutschem Personal arbeiteten und dann — allerdings nicht in der sowjetisch besetzten Zone — ganz in deutsche Hände übergingen.

In der *sowjetisch besetzten Zone* entstand 1945 durch das sowjetisch-russische Nachrichtenbüro (TASS, s. S. 84) das *„Sowjetische Nachrichten-Büro"* (SNB) für die sowjetisch besetzte Zone und Berlin. Den für diese Gebiete lizenzierten deutschen Blättern gegenüber wirkte es als alleiniges Nachrichtenbüro und trat im übrigen auch als Behörde mit Anweisungsbefugnis auf. 1946 (16. Oktober) wurde dann der *„Allgemeine Deutsche Nachrichtendienst“* (ADN) lizenziert, das heute einzige zentrale Nachrichtenunternehmen in der Sowjetzone, das der äußeren Form nach zunächst in Gestalt einer G.m.b.H. von einem Ausschuß deutscher Zeitungen aus der Sowjetzone und Ostberlin getragen wurde. Es stand aber immer unter staatlicher Kontrolle und weitgehend unter dem Einfluß des Polit-Büros der SED. Durch Verordnung vom 2. April 1953[1]) wurde ADN dann offen eine „staatliche Institution“. Der Haushalt wird im Staatshaushalt festgelegt. ADN untersteht (§ 3) dem Weisungsrecht des Ministerpräsidenten, das durch das Presseamt beim Ministerpräsidenten ausgeübt wird. Der Direktor wird auf Beschluß des Ministerrates berufen (§ 7). Im § 8 ist besonders bestimmt, daß ADN für „allseitige umfassende Berichterstattung und Auswertung in der Nachrichtengebung aus der Sowjetunion und den Volksdemokratien zu sorgen hat“. Ihm untersteht auch (§ 10) die Nachwuchsentwicklung auf dem journalistischem Gebiet und eine eigene ADN-Nachwuchsschule. Das Unternehmen trägt das Nachrichtenmonopol der „Deutschen Demokratischen Republik“. Es übernimmt, gleich den Agenturen der Satellitenstaaten, seinen Auslandsdienst von der sowjetrussischen Agentur TASS (vgl. S. 84). Die Presse der sowjetisch besetzten Zone kann an Auslandsnachrichten, auch solchen, die durch die Weltagenturen verbreitet werden, nur die ADN-Fassung nachdrucken. ADN steht im Nachrichtenaustausch mit den Agenturen in Warschau, Prag, Budapest und Peking. Es arbeitet in sechs Redaktionen (Ausland, Inland, Kultur, Wirtschaft, Sport, Berliner Sonderdienst).

Aus den einzelnen Agenturen der amerikanischen, der britischen und der französischen Zone wuchs im Verlauf der Jahre 1945 bis 1949 die größte bundesdeutsche Agentur „dpa“.

In die *U.S.-Zone* wurde zunächst der 1944 von zurückgekehrten deutschen Emigranten gegründete „United States

---

[1]) G.BC. Nr. 46/1953, S. 52.

Press Service" übertragen, der seine Nachrichten durch eine fahrbare Funkstation verbreitete. Am 6. September 1946 kam es in Bad Nauheim zur Gründung der *„Deutschen Allgemeinen Nachrichtenagentur"* (DANA), aus der 1947 mit wachsender Beteiligung deutscher Kräfte die „Deutsche Nachrichtenagentur", die „DENA", hervorging. Sie wurde am 5. Juli 1947 in deutsche Hände überführt und nach amerikanischem Vorbild von einer Gemeinschaft der Zeitungsverleger der amerikanisch besetzten Zone übernommen. Schon 1947 hatte das Unternehmen einen täglichen Eingang von 133 000 Worten, von denen es 35 000 wieder ausgab.

Im *britisch besetzten Zonengebiet* wurde im Juli 1945 unter Leitung Sefton Delmers der „German News Service" (GNS) gegründet. Aus ihm wuchs (15.12.1945) der *„Deutsche Presse-Dienst"* (DPD), der am 5. Juli 1947 als eine von den Zeitungsverlegern der britisch besetzten Zone gegründete G.m.b.H. in deutsche Hände überging.

Im *französisch besetzten Zonengebiet* erfolgte zunächst die Gründung einer *„Rheinischen Nachrichtenagentur"* (Rheina), aus der am 1. April 1947 zu 51 % unter französischer, zu 49 % unter deutscher Beteiligung als G.m.b.H. die „SUEDENA", *„Süddeutsche Nachrichtenagentur"*, hervorging. Im Jahre 1948 wurde sie in deutsche Leitung übergeführt. Schon 1948 waren somit die Nachrichtenagenturen der amerikanischen, englischen und französischen Zone ganz in deutschem Besitz.

Am 18. August 1949 vereinigte sich DENA und DPD, die vorher schon SUEDENA übernommen hatte, zu einem einheitlichen Nachrichtendienst, der *„Deutschen Presse-Agentur"* (dpa), mit dem Sitz in Hamburg. 1951 erfolgte eine organisatorische Neuordnung. Danach wird das Unternehmen als G.m.b.H. von 184 Gesellschaftern (Verlegern und Verlagen) getragen, von denen jedoch jeder nicht mehr als 1 % des Stammkapitals besitzen darf. Damit ist die Überparteilichkeit gesichert und die Gefahr einseitiger Interessenbildung abgewehrt. Bis zu 10 % des Stammkapitals können die an den Nachrichtendiensten beteiligten deutschen Rundfunkunternehmen übernehmen. Das Stammkapital von dpa beträgt 1,2 Millionen. Dem Aufsichtsrat, in dem die Vertreter von Blättern verschiedener Richtung und verschiedenen Typs einen Sitz haben, ist satzungsgemäß Weisungs- und Überwachungsbefugnis gegeben.

Der Organismus eines Nachrichtenbüros lebt in drei Arbeitsphasen. Er hat Nachrichten zu sammeln, zu bearbeiten und sie dann zu verbreiten.

Die Sammlung vollzieht sich durch ein Netz eigener Korrespondenten im In- und Ausland oder ergänzend durch Austausch mit anderen Agenturen[1]). Die Bearbeitung erfolgt, je nach allgemeiner oder mehr regionaler Bedeutung, in der Zentralredaktion oder in Landesbüros der einzelnen Länder der Bundesrepublik.

Die Verbreitung der Nachrichten ist unterschiedlich dem Bedarf der Presse und des Rundfunks angepaßt, nach Zahl und Art der Nachrichten, der Stunde und der Form der Übermittlung. Im nachfolgenden wird diese allen Büros im Grunde gleiche Organisation am Beispiel der dpa gezeigt.

Die Sammlung der Nachrichten geht im innerdeutschen Dienst durch 29 Landes- und Außenbüros vor sich. Der Auslandsdienst bedurfte eines weitgreifenden Ausbaus, nachdem die Bundesrepublik politisch in die internationalen Beziehungen eintrat und auch die deutsche Wirtschaft ihren Außenhandel neu entwickelte. Der von den Weltnachrichtenagenturen bezogene Nachrichtendienst bedurfte der Ergänzung aus eigener Beobachtung. So wurden in kurzer Zeit in den — zugänglichen — politischen Brennpunkten der Welt eigene Vertretungen errichtet. Bis heute sind in 52 Ländern eigene Korrespondenten an der Arbeit,

---

[1]) Austausch mit: Reuter, AFP (Frankreich), AA (Ankara), P. I. (Djakarta), ANI (Lissabon), ANP (den Haag), STT-FNB (Helsinki), INA (Dublin), NTB (Oslo), Ritz. B. (Kopenhagen), ATS (Bern), TT (Stockholm), Belga (Brüssel), APA (Wien), PAP (Warschau), Agerpres (Bukarest), Tass (Moskau), Efe (Madrid), CTK (Prag) seit Nov. 1957, MTI (Budapest) seit Ende 1957, MENA (Kairo), PPA (Karachi) seit 1958.

um pünktlich, schnell, umfassend und sachlich über das Weltgeschehen zu unterrichten[1]).

Die Landesdienste verbreiten die Zentraldienste (Allgemeiner Nachrichtendienst) und daneben jeweils den besonderen Interessen des Landes angepaßten Nachrichtenstoff.

Die technische Übermittlung erfolgt durch dpa-Funkdienst („Hell"-Dienst, vgl. S. 97) von 6 Uhr früh bis 1 Uhr nachts. Neben dem allgemeinen Nachrichtendienst (Ausland, Inland, Kultur, Wirtschaft, Sport) laufen Sonderdienste auch in Korrespondenzform (vgl. II, S. 22). Genannt seien:

dpa-Basisdienst (Nachrichten, Ausland, Inland, Kultur, Sport, Wirtschaft).
dpa-Europadienst, in deutscher und englischer Sprache.
dpa-Überseedienst, in deutsch, englisch, französisch, spanisch.
dpa-Spezialdienst (Politik, Wirtschaftspolitik).
dpa-Informationsdienst (vertraulich, nicht zum Abdruck).
dpa-Brief (Kultur, Sport, Aktuelles).
dpa-Hintergrund (zur persönlichen Information, Archivmaterial).
dpa-„elite"-Namendienst (Beiträge prominenter Persönlichkeiten aus Politik, Wissenschaft und Kunst).
dpa-Fernsprech-Nachrichtendienst (täglich 5 × wechselnd Nachrichten).
dpa- Bilderdienst.
dpa-Bildfunk.
dpa-Bildserien.
dpa-Feature-Bilderdienst.
dpa-Klischeedienst.
dpa-Aushangbilderdienst.

Insgesamt arbeiten in Wort und Bild über 2500 Redakteure und Korrespondenten für die Inland- und Auslanddienste der dpa.

---

1) vgl. v. Besserer, Max Frhr.: „Das deutsche Pressenachrichtenwesen nach 1945", ZV u. ZV 1954, Sonderausg.: 60 Jahre Verein Dt. Zeitungsverleger, Wiesbaden 1954, S. 319 ff. sowie Handbuch „Die Weltpresse" Berlin 1960.

Der *Bilderdienst* tritt heute fast gleichbedeutend neben den Wortdienst. Er wird in aktuellen Abzügen und Klischees geliefert, mit Vereinbarungen für Erstrecht, Serien- und Archivnutzung. Die technische Übermittlung der Bilder fordert besonders beschleunigte Transportleistungen u. a. auch durch Bildtelegraphie (vgl. S. 98).

Die Bildzentrale arbeitet in Frankfurt und sammelt ihr Material durch acht Außenbüros und im Austausch mit ausländischen Bildbüros.

In ihrem Aufbau und ihrer technischen Durchbildung ist dpa das Muster einer in demokratischer Form durch die Nachrichtenverbraucher aufgebauten, kontrollierten und in diesem Sinne unabhängigen Nachrichtenagentur. Diese Organisationsform haben heuten die meisten europäischen Agenturen angenommen. Das Bestreben, dpa als „Körperschaft des öffentlichen Rechts" auch rechtlich in ihrer öffentlichen Aufgabe zu kennzeichnen, liegt vor. Der aus demokratischen Überlegungen gelegentlich geäußerte Einwand, es fehle dpa an einer geeigneten journalistischen Konkurrenz gleichen Ranges, trifft mindestens insofern nicht zu, als große Weltagenturen in Deutschland gleichberechtigt neben dpa arbeiten (siehe AP, UPI usw., S. 78 ff.). Die Gefahr einseitig politischer Leistungen ist durch die Struktur des Unternehmens und die ständige Kontrolle durch Vertreter der verschiedenen Richtungen unter den Nachrichtenverbrauchern ausgeschlossen. (dpa-Zentrale, Hamburg 13, Mittelweg 38.)

2. *Andere deutsche Nachrichtenbüros*

Zusammen mit dpa und den Vertretungen der Weltnachrichtendienste arbeiten in der Bundesrepublik und in Westberlin 20 Nachrichtendienste meist spezialisierter Art[1]). Von den allgemeinen Diensten ist zu nennen der „Dienst mittlerer Tageszeitungen (DIMITAG, Bonn, Talweg 33). Dieses Unternehmen ist Nachrichtendienst und Korrespondenz. Es arbeitet als eingetragener Verein. Mitglieder sind

[1]) vgl. „Die Deutsche Presse 1961", S. 216.

die 1949 wieder zugelassenen älteren Verlage in größerer Zahl. Sie sind die Träger der „mittleren und landschaftsgebundenen Presse"[1]). Der Dienst verfügt über eigene Vertretungen in Deutschland und über Korrespondenten in den politischen Brennpunkten des Auslandes. Er versendet neben dem Nachrichtendienst eigene Kommentare, Namensartikel und Reportagen unter Berücksichtigung der Sonderwünsche seiner Mitglieder. Die Verbreitung erfolgt durch Fernschreiber und Brief.

Eine Reihe anderer Nachrichtendienste verbreiten als private Agenturen Nachrichten und Korrespondenzdienste (vgl. II S. 22). Von den spezialisierten deutschen Unternehmen seien genannt der *„Evangelische Pressedienst"* (epd, Bethel-Bielefeld, Grenzweg 58). Er erscheint 6 × wöchentlich als zentraler evangelischer Nachrichtendienst mit Landesdiensten in Bethel, Düsseldorf, Frankfurt, Hamburg, Hannover, Karlsruhe, Kassel, München, Stuttgart und Speyer und hat Redaktionen in Berlin, Bonn, Kiel. Epd gibt außerdem einen Artikeldienst, einen Dienst für die kirchliche Presse und besondere Informationsdienste heraus, so „Kirche und Rundfunk", „Kirche und Fernsehen" (wöchentlich) und „Kirche und Film" (monatlich). Der Dienst der *„Katholischen Nachrichtenagentur"* (KNA, Chefredaktion Bonn, Rathausgasse 11, Verlag in München) veröffentlicht 6 × wöchentlich einen Pressedienst, der auch über Fernschreiber weitergegeben wird. Das Unternehmen unterhält Landesredaktionen in München, Berlin, Hamburg, Münster, Frankfurt/Main und Freiburg i. Br. Eine besondere Redaktion wird außerdem in Rom unterhalten. Für die katholische Kirchenpresse wird eine eigene Korrespondenz herausgegeben. Es erscheint ferner ein wöchentlicher Informationsdienst, ab 1961 auch ein Bildreportagedienst sowie ein bayrischer, ein westdeutscher und ein südwestdeutscher Landesdienst. Die KNA Pressebild GmbH. Frankfurt gibt einen Bilderdienst aus dem katholischen Leben heraus.

[1]) vgl. Wagner, E., „Der DIMITAG, Bestimmung und Erreichtes", ZV u. ZV, H. 7, Wiesbaden 1954, S. 324 ff.

Wirtschaftsnachrichtendienste, von denen Deutschland vor 1933 neben einem „reichseigenen Eildienst" eine Reihe privater und gewichtiger Sonderunternehmen besaß, waren nach dem Zusammenbruch neu aufzubauen. Ihre Aufgabe war nicht nur innerdeutsch. Es galt, auch das Ausland zu unterrichten und vom Ausland her bis ins einzelne genau auch die deutsche Wirtschaft zu informieren. Ein Wirtschaftsdienst besonderen Ranges sind die Vereinigten Wirtschaftsdienste GmbH. (VWD), Frankfurt/Main, Unterlindau 21—29. Sie sind die größten Wirtschaftsdienste des Kontinents. Gesellschafter sind je zu einem Drittel dpa, Comtel/Reuters und die „Gesellschaft zur Verwaltung der VWD-Anteile" in Köln, in der die Spitzenverbände der deutschen Wirtschaft vereinigt sind. Der Dienst ist staatlich unabhängig, aber fachlich von der Wirtschaft mitbestimmt. Durch die Beteiligung eines Zweiges des Reuterbüros sind auch die Weltverbindungen des Unternehmens, vor allem des Austausches weit verzweigt. Im Bundesgebiet unterhält das Unternehmen 11 Zweigstellen. Zahlreiche eigene Korrespondenten im In- und Ausland vermitteln 28 verschiedene Nachrichtendienste und mehr als 20 000 tägliche Kursnotierungen. Als Sonderdienste bestehen u. a.: Außenhandel — Allgemein, Europanachrichten (EWG, EFTA, Euratom usw.), Wirtschaftsspiegel, Informationen, Firmenberichte. Einzeldienste erscheinen u. a. für die Sektoren Montan, Metalle, Chemie, Kautschuk, Baumwolle, Wolle, Seide, Fasern, Häute und Leder, Kaffee, Kakao, Vieh, Fleisch, Getreide, Reis, Butter, Eier, Käse. Das Unternehmen arbeitet ebenso für die Presse wie für private Stellen.

b) Das ausländische Nachrichtenwesen

Die großen Weltagenturen haben in den letzten Jahrzehnten nach mannigfachen, oft geradezu romanhaften Schicksalen, soweit sie der freien, demokratischen Welt angehören, in der Mehrzahl die Organisationsformen angenommen, die ihnen ein von politischen und Interessenteneinflüssen unabhängiges Arbeiten ermöglichte. Daneben steht eine Reihe nicht auf die Zeitungen insgesamt sich stützender *privater Nachrichtendienste.* Soweit sie Weltrang haben, sind sie meist getragen durch Zeitungskonzerne ihres Landes (vgl. S. 79).

Innerhalb der totalitären Staaten werden die Nachrichtenagenturen, auch bei äußerlich demokratischer Aufmachung, Mittel der Staatsführung und propagandistische Instrumente der herrschenden Einheitspartei, wie das bei ADN gezeigt wurde.

Wir nennen zunächst die Agenturen der freien Welt.

1. „Reuters Ltd."

Reuter ist das Nachrichtenbüro des britischen Weltreiches. Es arbeitet zusammen mit den in den letzten Jahren nach seinem Vorbild aufgebauten Nachrichtendiensten der Dominions, die sich in der Entwicklung der britischen Weltpolitik wachsend verselbständigen. Als Gesamtorganismus ist Reuter das größte Nachrichtenunternehmen der Welt.

Als Reuter (s. S. 66) sein Nachrichtenunternehmen 1857 in London gründete, betrieb er es zunächst, wie alle anderen Büros in ihren Gründungsjahren, als Erwerbsgeschäft vornehmlich mit Börsen- und Wirtschaftsnachrichten. Dann übernahm er auch politische Nachrichten und lieferte sie durch kluge Organisation der Sammlung und technischen Beförderung so schnell und billig, daß er bald sogar die Konkurrenz der TIMES schlug. Mit sicherem Instinkt für die kommende Entwicklung ging er in die Kabelindustrie, die damals aufkam. Mit der Ausbreitung der britischen Weltmacht ist Reuter der erste Organisator der Nachrichtendienste in Kanada und Australien, in Indien, Japan und China. Auch die jungen Agenturen in Europa, so in Portugal und in Holland, hat er anfangs mit beeinflußt. Seine Unternehmerleidenschaft gab dieser Tätigkeit einen Umfang, der weit über das hinausging, was für seine Nachrichtenagentur nützlich war. Er kontrollierte Bergwerke und Eisenbahnen und ging zuletzt auch in das Bankwesen. 1890 erhielt er den hessischen Adelstitel. Nach seinem Tode 1899 übernahm sein Sohn Herbert die Unternehmen des Vaters, denen er aber nicht gewachsen war. Mit Kriegsausbruch geriet das Gesamtunternehmen ins Wanken. Herbert Reuter nahm sich 1915 das Leben. Das Nachrichtenbüro suchte sich mit rein geschäftlichen Mitteln zu helfen, die seiner Aufgabe, zumal während des Krieges, seinem Ansehen und vor allem der Unabhängigkeit des größten britischen Büros nicht entsprachen. Jetzt griff die Presse, zunächst die Londoner Vertretung der Provinzpresse, die „Press Association" (PA), vermittelnd ein. Nicht ohne Förderung durch die Regierung erhielt Reuter eine Satzung, in der festgelegt wurde: „... that Reuter's should remain imperial, independent, impartial and unconnected with financial undertakings", eine Ausrichtung, die das Büro seitdem streng gewahrt hat. 1925 kam das Unternehmen unter unmittelbaren Einfluß der „Press Association", zu der 1941[1]) dann auch die Organisation „Newspaper Proprietors Association" (N.P.A.), der Verband der Londoner Großpresse) hinzukam, die 50 % der Shares übernahm.

„Reuter's Ltd." ist als das Nachrichtenbüro des Britischen Weltreiches somit im Besitz der britischen Presse. Es ist „cooperative property of the British Press". Nur der kommunistische „Daily Worker" ist an dieser Korporation nicht beteiligt. Er bezieht aber ihren Dienst. Seit 1947 sind die australische, die neuseeländische und die indische Presseorganisation (vgl. S. 91) als Treuhänder eingeschaltet. Das Gesamtkapital beträgt 200 000 £. Die Satzung liegt bis 1962 fest und kann nur mit Zustimmung des „Lord Chief Justice", des obersten englischen Richters, abgeändert werden. Damit soll der Charakter des Nachrichtenunternehmens als eine Art öffentlicher Institution gekennzeichnet sein. Die Verwaltung untersteht einem Direktorium, das von den beiden Presseorganisationen und den Vertretern der Presseorganisationen der Staaten des British Commonwealth gewählt wird. Das Kuratorium wiederum wählt den „General Manager". Reuters ist eine Unternehmung, die ohne Gewinn arbeitet. Die Ausgaben werden von den Beziehern — auch den Rundfunkunternehmen — des Dienstes aufgebracht. Die *Nachrichtensammlung* vollzieht sich im Austausch mit den Schwester- und Tochterunternehmen und durch eigene Vertreter in der ganzen Welt. PA führt Reuter die Nachrichten aus der englischen Provinz zu und sammelt auch die Londoner Nachrichten für Reuter. Der *Nachrichtenvertrieb* geht über Generalvertretungen in 5 Gruppen: Nordamerika (New

---

[1]) Z.W. 1941, Nr. 12.

York), Südamerika (Buenos Aires) (Ende 1958 eingestellt), Afrika (Freetown, Nairobi und Johannesburg), Mittlerer Osten (Alexandrien), Asien mit Vertretungen in den Staaten Indiens, in Indochina, Thailand, Indonesien, den Philippinen und Hongkong. Japan, früher Reuterreservat, wurde selbständig. China ging an TASS verloren. In Australien, Indien, Neuseeland und Kanada geht der Dienst auch über die dortigen eigenen Agenturen. In den europäischen Ländern erfolgt die Verbreitung in Übernahme durch die nationalen Nachrichtenagenturen, so in der Bundesrepublik durch dpa, in der UdSSR durch TASS.

Ein *Wirtschaftsdienst* wird durch eine Tochtergesellschaft, das „Commercial-Telegraph-Büro" (COMTEL), durchgeführt. Die technische Verbreitung aller Dienste geschieht durch Fern- und Hellschreiber, zum Teil auch telephonisch und brieflich.

Von bedeutenderen Nachrichtenbüros außerhalb der Reuterorganisation ist zu nennen: *„The Exchange Telegraph Comp., Ltd."* (gegr. 1872) (Extel), eine freie Agentur mit politischem und parlamentarischem Dienst, Sport und Wirtschaftsdienst (vgl. auch S. 90).

2. *Die nordamerikanischen Agenturen*

„Associated Press" (AP) ist das älteste, seiner Tradition und Organisation nach in manchem vorbildlich gewordene amerikanische Nachrichtenbüro.

Der Name stammt aus den Anfangsjahren der amerikanischen Nachrichtenagenturen. Vor Erfindung des elektrischen Telegraphen fuhren die nachrichtenfreudigen Reporter den Europaschiffen, mit denen stoßweise europäische Nachrichten ankamen, bis auf See entgegen. Diese Reporterschiffe wurden als eine Genossenschaft der Zeitungen betrieben. Die Genossenschaftsidee („non profit making corporation") wurde für den gesamten Nachrichtenorganismus von den damaligen Zeitungen (1848 erste AP in New York, 1866 in Chikago) übernommen. Jeder Genosse war anfangs mit seiner eigenen Nachrichtensammlung der Genossenschaft verpflichtet. Später baute AP eigene Vertretungen auf.

Heute ist AP das größte, rein genossenschaftlich organisierte Nachrichtenunternehmen der Welt. In 74 Ländern hat AP 7275 Bezieher, darunter 1763 Zeitungen und 1873 Rundfunk- und Fernsehstationen. Das Bezugsrecht der AP ist an die Mitgliederzeitungen gebunden und erhöht deren Wert erheblich. Ein Direktorium von 18 Mitgliedern, die zu fünfzehn von der Mitgliedschaft allgemein, zu dreien aber von den kleinen Zeitungen (unter 5000 Aufl.) gewählt werden, leitet die Agentur. Sie verbraucht jährlich 24,6 Mill. $, die von den Mitgliedern entsprechend ihrer Auflage und von auswärtigen Abonnenten aufgebracht werden. Beschäftigt werden 7200 Angestellte. Die *Nachrichtensammlung* vollzieht sich durch eigene Vertretungen unter Beihilfe der Mitgliedzeitungen in 34 Zweigstellen in den USA und 25 Vertretungen in der Welt. *Vertrieben* werden in 24 Stunden 1 Million Worte (einschließlich der regionalen und lokalen Dienste und der Sportnachrichten). In USA erfolgt die Verbreitung in regionaler Fünfgliederung: der Osten (mit New York und der Zentrale), der Mittelwesten (Chikago), der Westen (San Franzisko), der Süden (Atlanta) und schließlich Washington DC, der politische Mittelpunkt des Landes. Jede der Gruppen ist gebietsmäßig etwa viermal größer als Deutschland heute. In Europa verbreitet und sammelt AP in 12 Ländern, die nach London berichten und von London her bedient werden. Eigene Büros bestehen in Deutschland in Berlin, Frankfurt, Bonn, Hamburg und München.

Da der Beitritt neuer Zeitungen zu der großen Nachrichtenorganisation der AP an eine 4/5-Mehrheit der alten Mitglieder gebunden ist, werden — aus Konkurrenzgründen — neue Mitglieder nur selten zugelassen.

Daher ist ein echter Wettbewerb gegen die mächtige Organisation der AP nur mit der Unterstützung starker Zeitungsgruppen möglich. Die beiden anderen amerikanischen Nachrichtenbüros von Weltrang sind auf Pressekonzernen aufgebaut:

United Press Association (UP), gegründet 1907, ist eine Gründung des Scripp-Howard-Konzerns, *International News Service* (INS) New York 235, East 45th Street, gegründet 1909, war eine Abteilung des Hearst-Konzerns unter selbständiger Verwaltung. UP und INS wurden am 24. 5. 1958 zusammengelegt zur: *United Press International* (UPI). Jetziger Sitz: New York 220, East 42nd Street. Es ist mit 220 Büros und rund 6000 Korrespondenten einer der größten Nachrichtendienste der Welt. Er wird in 85 Ländern unter 5628 Bezieher verteilt, darunter 4300 Zeitungen und Rundfunk- und Fernsehstationen.

3. Die französische Nachrichtenagentur

„Agence France Presse" (AFP), die zentrale französische Nachrichtenagentur (gegründet 20. August 1944; Paris 13, Place de la Bourse), ist aus der Widerstandsbewegung im 2. Weltkrieg erwachsen. AFP war das einzige Nachrichtenbüro in einem demokratischen Lande, das der äußeren Struktur nach Staatsunternehmung war. Den Generaldirektor ernannte die Regierung, die der AFP auch — begründet mit dem Ausgleich geleisteter Dienste — eine feste Summe zuteilte, diese Mittel im Staatshaushalt erscheinen ließ und deren Verwendung der staatlichen Rechnungsprüfung unterstellte. Die Organisation war als Übergangslösung gedacht. Sie sollte — nach dem Vorbild der übrigen freien Büros in Europa — in eine genossenschaftliche Form überführt werden. Sie ist seit 28. 12. 1956 unabhängig, ein Verwaltungsrat wählt ihren Direktor. Im Verwaltungsrat sorgen Vertreter der Presse, des Rundfunks und der „öffentlichen Dienste" für die Wahrung der Unabhängigkeit. Das Nachrichtenwesen Frankreichs hat eine lange Geschichte mit finanziellen Entwicklungen, die der Entfaltung seines Zeitungswesens nicht immer förderlich waren, zumal die alte französische Nachrichtenagentur, die *„Agence Havas"*, in trustartiger Verbindung mit den größten Nebengewerben der französischen Presse stand: der stärksten *Anzeigenagentur* und dem zentralen *Vertrieb* des gesamten französischen Zeitungswesens.

Die durch Charles Havas (vgl. oben, S. 64) gegründete Agentur blieb das einzige große Nachrichtenbüro Frankreichs. Auch seine Entwicklung belegt die Auffassung, daß der Nachrichtenhandel allein, ohne Bindung nach irgendeiner Seite und ohne Nebenbetriebe, wirtschaftlich nur schwer lebensfähig ist (vgl. S. 65). Das durch seine Vorläufer schon 1811 begründete Büro stand seit 1862 in enger Fühlung mit der Regierung, die ihm durch Verbot eines aufkommenden scharfen Wettbewerbers das Leben rettete, aber damit auch seine dauernden Dienste für sich in Anspruch nahm. Seitdem hatte es sich mit ständiger Unterstützung der französischen Regierung als Monopolbüro behauptet. Seit 1879 bestand das Unternehmen als Aktiengesellschaft. Aber selbst sein offiziöser und monopolistischer Charakter hat nicht genügt, dem reinen Nachrichtengeschäft der Agence Havas zur wirtschaftlichen Blüte zu verhelfen. Unter den 16,7 Millionen Franken Reingewinn eines der letzten Geschäftsjahre vor 1940 ist der Gewinn aus dem Nachrichtengeschäft nur mit einer kleinen Quote nachgewiesen, die wohl zum Fehlbetrag würde, wäre sie nicht durch starke Einnahmen aus der Aufstellung und dem Vertrieb von Ferndruckern gestützt. Das Nachrichtenunternehmen machte, wie auch der alte Reuter das handhabte, sein Hauptgeschäft mit anderen Gewerben. Das Büro entwickelte sich zu einem allgemeinen Stofflieferanten für Tageszeitungen, lieferte also neben den Nachrichten auch Artikel, Feuilletons, Romane, Finanz- und Handelsberichte im Manuskript und in Matern für Zeitungen aller Größen und Richtungen. Wichtiger als dies aber war die Verbindung der A. H. mit dem *Anzeigenwesen*. Schon 1856 hatte das Unternehmen sich mit einer großen Anzeigenvermittlung verbunden und so Nachrichten- und Anzeigenvertrieb zu geistig-wirtschaftlichem Machteinfluß vereinigt. Bis zum Jahre 1940 übte die A. H. durch ihren Aufsichtratsvorsitzenden Léon Renier auch auf die größte französische Anzeigenvermittlung, die „*Agence Nationale de Publicité*", führenden Einfluß aus. Dadurch war es ihr möglich, sich für ihre Nachrichten durch die Zeitungen nicht mit Geld, sondern mit *Anzeigenraum* bezahlen zu lassen. Das bedeutet: Die Zeitung erhält hier ihr wirtschaftliches Lebenselement, die Anzeige, aus der gleiche Quelle, die ihr ihren geistigen Stoff liefert. Damit war die Gefahr bestimmter Abhängigkeiten auch gegenüber der ausländischen Presse gegeben. Zu dieser Verbindung Nachricht — Anzeige trat noch eine zweite, die Beziehung *Nachricht — Vertrieb*. Léon Renier übte auch auf das monopolistische Vertriebsunternehmen, das damals den Vertrieb aller französischen Zeitungen und Zeitschriften in einer Hand vereinigte, die „*Messagerie Hachette*", den führenden Einfluß aus. Über der französischen Presse stand also die geistig-wirtschaftliche Gewalt dieser nirgends in der Welt so zusammengeschlossenen Vereinigung: Nachricht — Anzeige — Vertrieb. A. H. besaß auch Beteiligungen an Zeitungsverlagen und ein eigenes Börsenblatt. („L'Avant Bourse") und war Trägerin der Pariser Plakatreklame. Diese Unternehmen, wie auch die führende Anteilnahme an dem französischen Fernschreibervertrieb, brachten der A. H. Gewinne, um derentwillen ihre Geschäftsanteile (sie wurden an der Börse gehandelt) sehr beliebt waren. Dabei brachte der Nachrichtendienst einen Fehlbetrag. Die Gewinne (1938: 8,5 Millionen Franken) wurden aus den Nebenbetrieben herausgewirtschaftet. Nach der Besetzung Frankreichs 1940 wurde die A. H. aufgelöst. Ihr Anzeigendienst und ihr Vertriebsmonopol wurden selbständig und sind es bis heute. Vichy-Frankreich gründete ein staatliches Büro, die „Office Française d'Information" (OFI), dessen Anteile im Besitz der Vichy-Regierung blieben. Unterdessen gründete der Havasvertreter in London, *Louis Bret,* in der Emigration die „Agence France Indépendente" (AFI), die im besetzten Frankreich eine geheime, unterirdische Agentur, die „Agence Information et de Documentation" als Agence claudestine betreute. Mit der Landung der amerikanischen Truppen in Afrika wurde dort die *„Agence France Afrique"* gegründet, die nach der Befreiung Frankreichs in die *Agence France Presse"* überging.

AFP verteilt ein Budget von 2,6 Milliarden Franken zu 56 % in Personal-, 26 % Transport- und 18 % allgemeinen Kosten. Das Unternehmen beschäftigt 1550 Angestellte.

Die *Nachrichtensammlung* vollzieht sich durch 59 Zweigstellen in Frankreich, der „Französischen Union" und im Ausland sowie durch Austauschabkommen mit 34 anderen Agenturen. Die *Nachrichtenverbreitung* erfolgt an 2000 Zeitungen und Rundfunksender, jedoch nur an 800 Bezieher in unmittelbarer Lieferung durch eigene Stäbe (so in Deutschland), sonst durch die nationalen Agenturen (so in Südamerika, Österreich und Portugal). Durch Fernschreiber („Ticker") werden 70 000 Worte täglich verbreitet. 330 Tikker geben die Sport-, 91 die Börsendienste. Nach Deutschland gehen durch Hellschreiber 30 000 Worte täglich. 650 Worte gehen in eigene Schiffsdienste für die Bordzeitungen der französischen Linien. AFP gibt auch eine Reihe führender Fachkorrespondenzen aus, darunter eigene

Dienste für die heute selbständigen ehemaligen Kolonialstaaten.

4. *Die übrigen freien Agenturen*

Die europäischen Agenturen haben in ihren Organisationsformen überwiegend das genossenschaftliche Prinzip angenommen, d. h. sie werden in irgendeiner Rechtsform von der Gesamtheit oder starken Gruppen der Presse getragen. Diese juristischen Organisationsformen unterscheiden sich, wesentlich ist aber, daß immer Zeitungen die Träger der für sie und ihre Unabhängigkeit wichtigen Nachrichtenunternehmen sind. Das gilt für die Presse der Beneluxländer, der nordischen Länder, Österreichs, Italiens und der Schweiz. Zum größeren Teil haben diese europäischen Büros sich in der „Gruppe 39" zusammengeschlossen. Ihr gehören an: ANP (Holland), ATS-SDA (Schweiz), Ritz.-Bur. (Dänemark), STT-FNB (Finnland), NTB (Norwegen) und TT (Schweden), Belga (Belgien). (Siehe auch das Gesamtverzeichnis, Seite 88 ff.)

Dieser Aufbau der Nachrichtenorganisationen durch die Zeitungen gewährleistet eine weitgehende Unabhängigkeit vom Staate und von Interessenten jeder Art, schützt vor parteipolitischer Einseitigkeit und garantiert, was den privaten Agenturen der Vorweltkriegszeit oft fehlte und sie mißleitete: eine große wirtschaftliche Sicherheit.

Das genossenschaftliche Prinzip hat sich auch in den übrigen Ländern der Welt verbreitet. So in Kanada, Südafrika, Australien, Japan, Chile, aber auch in Indien und Indonesien. (Siehe das Verzeichnis, S. 88 ff.)

Die kommunistischen Staatsgebilde, ebenso wie einige Länder, die noch im Kampf um die Durchführung der Demokratie stehen, legen ihre Nachrichtendienste in die Hände der Regierung und der Propagandaministerien; so alle Satellitenstaaten der Sowjetunion. Hier sind die Nachrichtenbüros Träger eines strengen Nachrichtenmonopols. Der Bezug außenpolitischer Nachrichten wird dort allein durch TASS vermittelt.

5. *Das Nachrichtenbüro der UdSSR*

Es gehört zur Tradition der Rußland regierenden Mächte, daß sie weder eine freie Privatagentur, noch ein von den Zeitungen getragenes, genossenschaftliches Unternehmen zuließen. Ebenso wie in der zaristischen Zeit liegt heute das Nachrichtenwesen in den Händen des Staates.

Die alte *„Petersburger Telegraphen-Agentur"*, deren Aktion im Besitz der Regierung waren, wurde 1918 von den Sowjets übernommen und in ein allgemeines Nachrichten-, Presse- und Propagandainstitut der neuen Machthaber umgestaltet. Es trug den Namen „Rosta" („Rossijskoje telegraphnoje agenstwo") und belieferte die Presse nicht nur mit Nachrichten, sondern zentral und einheitlich auch mit Artikeln, Informationen usw., diente überhaupt der gesamten kommunistischen Propaganda und Erziehungsarbeit. 1919 gründete „Rosta" Zweigstellen in allen Gouvernementshauptstädten mit regionalen Sonderdiensten. Da unter den Propagandaaufgaben (Lokaldienst, Wandzeitungen, politische Theatertrupps usw.) der eigentliche Nachrichtendienst litt, wurde ausschließlich als Nachrichtenbüro 1925 die „TASS" („Telegrafnoje agentstwo ssowjetskawo ssojusa") gegründet.

TASS, das zentrale Nachrichtenbüro der UdSSR, gliedert sich in eine Reihe von Filialen, die für die Räterepubliken Sonderdienste betreiben. In ihrer politischen Ausrichtung aber werden sie durch das Politbüro der KPdSU gesteuert. Die „Rosta" beliefert weiter Altrußland, „Ratau" („Radio-telegraphnoje agentstwo Ukrainy") die Ukraine, „Satag" („Sakawkaskoje telegraphnoje agentstwo") Transkaukasien, „Taturs" Turkestan usw. Ein eigener Wirtschaftsdienst (KTA = „Kommerschkoje telegraphnoje agentstwo") gibt Wirtschaftsnachrichten in stark durch Planerfüllung und kommunistisch-propagandistische Werbung bestimmter Nachrichtenpolitik. TASS und ihre Zweigstellen haben in der Sowjetunion das alleinige Recht der Nachrichtenverbreitung, der Nachrichtenein- und -ausfuhr. TASS ist Trägerin eines absoluten Nachrichtenmonopols. Die Journalisten ihres Stabes sind Beamte. Die Auslandsvertreter wechseln oft in den diplomatischen Dienst. Über das Budget sind keinerlei Angaben bekannt.

Den Generaldirektor und seinen Vertreter ernennt der Ministerrat.

Begründer und erster Direktor der TASS war *S. A. Losowsky* (geb. 1878), seit 1901 aktives Mitglied der Kommunistischen Partei, 1903—1908 nach Sibirien verbannt, floh ins Ausland und redigierte von Paris aus die kommunistischen Emigrantenzeitungen „Golos“ (Stimme) und „Nasche Slovo“ (Unser Wort), aktiv in internationaler kommunistischer Propaganda. Als Mitglied der internationalen kommunistischen Gewerkschaftsgruppe Organisator von radikalen Streikunternehmen. Juni 1941 stellvertretender Volkskommissar des Auswärtigen, Juli 1941 Leiter des Sowjet. Informationsbüros.

Die *Nachrichtensammlung* vollzieht sich mit 2000 Angestellten durch die offiziellen Vertreter der Agentur in allen Mittelpunkten des politischen Lebens der Welt. Mit Ausnahme einiger mehr nebenbeauftragter Vertreter der „Prawda“ kennt die sowjetische Presse keine Zeitungsvertreter im Ausland. Die journalistische Auslandsvertretung wird von TASS geleistet. In der UdSSR geschieht dies auch durch Unterstützung der vielfach zu amtlichen Nachrichten- und Überwachungsunternehmen entwickelten Organisationen der „Volkskorrespondenten“.

Die *Nachrichtenverbreitung* vollzieht sich in modernen Formen unter Nutzung aller Nachrichtenmittel, wobei an die Stelle der radikalen Aktualität westlicher Nachrichtenunternehmen die vorsichtige, oft politisch verzögernde Nachrichtenausgabe mit ungeschminkter, aber von den Zeitungen devot beachteter Zweckregelung für die redaktionelle Verwendung tritt. Das Büro verbreitet täglich etwa eine Million Worte. Es verbreitet auch Dienste in Deutsch, Englisch und Französisch. Das Nachrichtenwesen ist rein politisch-propagandistisch bestimmt: „Alles Gerede über ‚objektive Berichte‘ ist liberale Heuchelei. Die Aufgabe des Nachrichtenwesens besteht in der Erziehung der Werktätigen unter allgemeiner Führung der Partei zu ganz bestimmten Zwecken“[1]).

---

[1]) so W. Kusmitschew in der zeitungsfachlichen Zeitschrift „Problemy gasetowardnija“, zitiert nach Just, A. W.: „Die Presse der Sowjetunion“, Berlin 1931.

c) Zusammenfassung — Vorschläge der „Vereinten Nationen“ (UN)

Zusammenfassend ist festzustellen: Die totalitäre Welt entwickelt die Nachrichtenunternehmen zu Trägern des Nachrichtenmonopols und schafft so die einseitige, durch keinerlei andere Unterrichtung aufzuhellende, einzig der politischen Ausrichtung ihrer Bevölkerung dienende Standardinformation. Die Staaten der freien Demokratie unterstellen ihre Nachrichtenunternehmen — unabhängig von der Regierung — der paritätischen Leitung und Überwachung durch in genossenschaftlicher Zusammenarbeit verbundene Zeitungen aller Richtungen. Die Agenturen erreichen so ein hohes Maß wirklicher Unabhängigkeit.

Der Gedanke liegt nahe, eine *internationale Nachrichtenorganisation* zu schaffen oder mindestens die rechtlichen und verkehrstechnischen Voraussetzungen dafür ins Leben zu rufen. Gäbe es — was zunächst utopisch klingt — eine internationale Absprache, nicht nur Nachrichten frei zu sammeln und zu verbreiten, sondern auch falsche Meldungen aufzuhalten, sie zu berichtigen und zu ergänzen, dann wären viele Zündstoffe großer Weltkonflikte beseitigt. Wie fern wir von solch einer Regelung noch sind, zeigen die Verhandlungen, die in den Vereinten Nationen (United Nations, UN) darüber geführt wurden. Schon im Februar 1946 ist mit dem Sitz in Lake Success (USA) ein „Department of Public Information“ geschaffen worden. Es übernahm die Unterrichtung aller Nachrichtenmittel (Zeitung, Rundfunk, Film). Im Sozialrat und in der Kommission für Menschenrechte forderten die UN die Einberufung einer *„Weltkonferenz über die Freiheit der Information“*. Eine vorbereitende Kommission entwarf unter Stimmenthaltung der sowjetischen Delegation erste Grundsätze: Informationsfreiheit, Garantien gegen bewußte Falschmeldungen und gegen Staatseinfluß auf die Nachrichtenorganisation wurden verlangt. 1948 trat in Genf, von der UN angeregt, diese Konferenz zusammen, die sich mit dem Plane trug, eine „Charta für die Rechte und Pflichten der

Informationsorgane" zu schaffen. 300 Delegierte aus 57 Mitgliedstaaten waren beteiligt. In drei Konventionen sollten drei Kardinalforderungen festgelegt werden:

1. Freies Reise- und Durchreiserecht durch alle Länder für Journalisten. 2. Freie Informations- und Meinungswerbung. 3. Internationale Berichtigungspflicht im Falle von Falschmeldungen.

Diese natürlichen und einleuchtenden Forderungen fanden den Widerspruch der Ostblockstaaten unter Führung der Sowjetunion. Sie wandten sich: 1. gegen Informations- und Bewegungsfreiheit, 2. gegen Aufhebung der Zensur und 3. gegen die Berichtigungspflicht. Es kamen keine Beschlüsse zustande. 1950 verließ die Sowjetunion den mit der Fortführung der Arbeiten betreuten Ausschuß. Die Unterkommissionen setzten ihre Arbeiten jedoch fort. Sie erstrebten Anerkennung des journalistischen Berufes als „Dienst für das öffentliche Wohl" und Schutz der Persönlichkeit und der Intimsphäre. Im Juli 1959 wurde vom Wirtschafts- und Sozialrat eine Entschließung zur Vorlage in der Vollversammlung vorbereitet, in der es hieß:

„1. Jedermann hat das Recht, sich Informationen zu verschaffen und sie zu verbreiten. Das Recht, die Wahrheit zu kennen und zu suchen, gehört zu den unveräußerlichen Menschenrechten.

2. Alle Regierungen sind verpflichtet, eine Politik zu betreiben, die den freien Fluß der Nachrichten schützt. Das Recht sich zu informieren, Nachrichten zu sammeln und innerhalb der Länder und über die Grenzen zu vermitteln, sollte gesichert sein.

3. Die Informationsmittel sollten im Dienste des Volkes betrieben werden. Keine Regierung oder öffentliche oder private Stelle sollte ein Monopol über alle Mittel zur Verbreitung von Nachrichten und Meinungen haben. Es sollte eine Vielfalt von Quellen bestehen, unter denen der Einzelne frei wählen kann. Alle Informationsmittel sollten ehrlich und nach bestem Gewissen berichten."

Die sowjetischen, polnischen und bulgarischen Vertreter stimmten im Sozialausschuß des Rates gegen diesen Vorschlag. Eine internationale Regelung des Nachrichtenwesens ist damit zunächst nicht möglich.

Nachfolgende Aufstellung zeigt in alphabetischer Folge die wichtigsten Nachrichtenunternehmen der Welt. Ihre Verfassungsform ist jeweils kurz gekennzeichnet[1]).

d) Die wichtigsten Nachrichtenunternehmen der Welt

Afghanistan: The Bakhtar News Agency; Bakhtar, Kabul; gegr. 1939; Offizielle, der Presseabteilung unterstehende Nachrichtenagentur der Regierung.

Albanien: Agence Telegraphique Albanaise — Albanian Telegraph Agency (ATA); Tirana; gegr. 1944; Staatliche Nachrichtenagentur; Nachrichtenmonopol; arbeitet mit TASS.

Argentinien: Agencia Noticiosa Saporiti (ANS); Avenida Roque Saenz Pena 615—12° piso Buenos Aires; gegr. 1900; Privatagentur.

Australien: Australian Associated Press (AAP); 377 Little Collins Street, Melbourne C.1.; gegr. 1935; Genossenschaft der austr. Presse. — *Australian United Press, Ltd. (AUP);* 42 Pitt Street, Sidney; gegr. 1928; Genossenschaft der austr. Provinzpresse.

Belgien: Agence Belga S. A. (Belga); 43, avenue des Arts, Brüssel; gegr. 1920; alleinige Verbreitung der Nachrichten von Reuters, AFP und der Agenturen der „Gruppe 39".

Brasilien: Agencia Meridional, Ltda.; Rua Sacadura Cabral, 103—5 °, Rio de Janeiro, D. F.; gegr. 1931; Genossenschaft von Zeitungen und Rundfunksendern.

Bulgarien: Bulgarska Telegrafna Agentzia (BTA); Sofia; gegr. 22. 5. 1898; Staatliche Nachrichtenagentur; Nachrichtenmonopol; Abkommen mit TASS.

---

[1]) Die Aufstellung ist bearbeitet nach der ausgezeichneten, aktuell und historisch aufschlußreichen Erhebung der UNESCO „News Agencies, Their Structure and Operation", Paris UNESCO 1953, sowie nach den Angaben des Handbuches der Auslandspresse, Berlin 1960.

Birma: Burma Press Syndicate, Ltd. (BPS) 128—32 Phayre Street, Rangoon; gegr. 1947; Genossenschaft der Zeitungen.

Chile: Agencia Noticiosa Corporación de Periodistas (Coper); Teations 82, 2do piso, Santiago de Chile; gegr. 1948; getragen von einer Gesellschaft, der die Staatsbibliothek, die Polizei, die Postverwaltung und die Sozialversicherungen angehören.

China (Formosa; National-China): *Central News Agency (CNA);* 20 Si Ning Rd. South, Taipeh, Formosa (Taiwan); gegr. 1924; Offizielle Nachrichtenagentur der Nationalchinesischen Regierung; „Schwarzer" Nachrichtendienst nach Rotchina. — *The Far East News Agency (FENA);* 27, Po Ai Rd., Taipeh, Formosa (Taiwan); gegr. 1931; Privatagentur, vom Innenminister lizenziert. — *Min Ben News Agency (MBNA);* 106 South Chungking Rd., Taipeh, Formosa (Taiwan); gegr. 1946; Unternehmen der Rundfunkstation gleichen Namens.

China: (Kontinent; Rot-China): *Hsin Hua (New China) News Agency (NCNA);* gegr. 1. 9. 1937; in Bao An Pror. Shensin, seit 1949 in Peking; Staatliche Nachrichtenagentur; Nachrichtenmonopol; seit 1950 Zusammenarbeit mit TASS.

Dänemark: Ritzaus Bureau (Ritz.-Bur.); Mikkelbryggersgade 3, Kopenhagen K; gegr. 1866; Genossenschaft der dänischen Presse.

Deutschland (Bundesrepublik): *Deutsche Presse-Agentur* (dpa); Hamburg 13, Mittelweg 38; gegr. 1949; G.m.b.H., genossenschaftlich getragen von deutschen Zeitungen und Rundfunkgesellschaften (vgl. S. 73).

Deutschland (sowjetisch besetzte Zone): *Allgemeiner Deutscher Nachrichtendienst (ADN);* Berlin NW 7, Mittelstraße 2—4; gegr. 1946; Staatliche Nachrichtenagentur (vgl. S. 69).

Finnland: Suomen Tietotoimisto-Finska Notis Byran (STT-FNB); Bulevardi 2a, Helsinki; gegr. 1887; Unternehmen der finnischen Presse.

Frankreich: Agence France Press (AFP); 13 Place de la Bourse, Paris; gegr. 1835 als Agence Havas, seit 1944 AFP; vom Staate, der den Generaldirektor ernennt, finanziell getragenes Unternehmen; seit 1956 unabhängig (vgl. S. 80).

Griechenland: Athens News Agency (Agence D'Athènes [AA]); 61 Fr. Roosevelt Street, Athen; gegr. 1905; Privatagentur.

Großbritannien: The Exchange Telegraph Company, Ltd. (Extel); Extel House, East Harding Street, London E. C. 4; gegr. 1872; Privatagentur (vgl. S. 76). — *Reuters Ltd.;* 85 Fleet Street, London E. C. 4; gegr. 1851; im Besitz der Zeitungen des Britischen Weltreichs (vgl. S. 76).

Hongkong: Pan-Asia Newspaper Alliance (Pananews); 6 Duddel Street, Victoria; gegr. 1949; Privatagentur.

Indien: Press Trust of India (PTI); 357, Hornby Rd., Bombay 1; gegr. 1905; seit 1948 Genossenschaft der Presse Indiens; Mitglied des Reuter-Trusts.

Indonesien: Kantor Berita Antara (Antara) Djalan Pos Utara 57, Djakarta; gegr. 1937; Privatagentur. — *Persbiro Indonesia Aneta (PIA);* Djalan Pos Utara 53, Djakarta; gegr. 1917; seit 1934 Genossenschaft der indonesischen Zeitungen.

Iran: Pars; Imperial Government of Iran, Teheran; gegr. 1934; Nachrichtenagentur der Regierung; Hrsg. Generaldepartement für Presse und Information.

Israel: Itim-Agency; 55 Rothschild Rd., Tel Aviv; gegr. 1950; im Besitz einiger Zeitungen.

Italien: Agenzia Nazionale Stampa Associata (ANSA); 27 Via Propaganda, Rom; gegr. 1945; Genossenschaftsunternehmen von 75 Tageszeitungen.

Japan: Jiji Press, Ltd. (JP); Shiseikaikan Building, Hibiya, Tokio; gegr. 1945; Privatagentur; G.m.b.H. — *The Kyodo News Service (Kyodo);* 2 Hibiya Park, Chiyodaku, Tokio; gegr. 1945; Genossenschaft der führenden japanischen Zeitungen und des Rundfunks.

Jugoslawien: Telegrafska Angencija Nova Jugoslavia (Tanjug); Generala Zdanova br. 28, Belgrad; gegr. 1943; Gemeinschaftsunternehmen der jugosl. Presse, Rundfunk u. a. Institutionen.

Kambodscha: Agence Khmère de Presse (AKP); Pnom-Penh, Avenue Kossamak; gegr. 1951; Regierungsunternehmen.

Kanada: British United Press (BUP); 575 University Street, Montreal, Quebec; gegr. 1922; G.m.b.H. — *The Canadian Press (CP);* 55 University Ave, Toronto, Ontario; gegr. 1917; Genossenschaft von 92 kanadischen Verlegern.

Korea (Nord-): *Chung-Yang Tongshin (Chung-Yang);* Pjöngjang; gegr. 1946; untersteht dem Informationsamt der Regierung; arbeitet mit TASS.

Korea (Süd-): *Haptong Tongshin (Korean Pacific Press [KPP])* Seoul; gegr. 1945; G.m.b.H.

Neuseeland: New Zealand Press Association, Ltd. (NZPA); Brandon House, Featherston Street, Wellington, C. 1; gegr. 1879; Genossenschaft neuseeländischer Zeitungen.

Niederlande: Algemeen Nederlandsch Persbureau (ANP); 32—34 Parkstraat, Den Haag; gegr. 1934; Genossenschaft der niederländischen Presse.

Norwegen: Norsk Telegrambyra (NTB); 3 St. Olavs Plass, Oslo; gegr. 1867; Genossenschaft.

Österreich: Austria Presse Agentur (APA); Börsegasse 11, Wien I; gegr. 1946; Genossenschaft der österreichischen Presse.

Pakistan: The Associated Press of Pakistan (APP); McLeod Rd., Karachi; gegr. 1948; gehört zum Eastern News Trust, Organisation der Presse.

Philippinen: Philippine News Service, Inc. (PNS); P.O. Box 3396, Manila; gegr. 1950 als Genossenschaft der Presse.

Polen: Polska Agencija Prasowa (PAP); Al. Jerozolimskie 7, Warschau; gegr. 1945; Staatliche Nachrichtenagentur; Nachrichtenmonopol; Verbindung mit TASS bis Okt. 1956; seit 1957 außerdem Zachodnia Agencija Prasowa (ZAP); Posen, Zupanskiego 16, von einer Journalistischen Arbeitsgemeinschaft herausgegeben.

Portugal: Agencia de Noticias e de Informações (ANI); Praca da Alegria 58, 5°-Letra C, Lissabon; gegr. 1947; G.m.b.H. — *Lusitania;* Largo do Chiado, 12—2° andar, Lissabon; gegr. 1944; Hrsg. Propagandaamt.

Republik Sudan: Sudanese News Service (SNS); P.O. Box. 363, Khartoum; gegr. 1948; Privatagentur. — *Sudanese Press Agency (SPA)* P.O. Box 249, Kharoum; gegr. 1948; Privatagentur.

Rumänien: Agentie de Informatii Telegrafice (Agerpres); Bukarest; gegr. 1949; Staatliche Nachrichtenagentur; Nachrichtenmonopol; Verbindung mit TASS.

Schweden: Tidningarnas Telegrambyra (TT); Klara V, Kyrkogata 3 A, Stockholm; gegr. 1921; Genossenschaft der schwedischen Presse. — *Bull's Presstjanst; Drottninggatan* 6, Stockholm; gegr. 1927; Privatagentur.

Schweiz: Agence Télégraphique Suisse — Schweizerische Depeschenagentur — Agenzia Telegrafica Svizzera (ATS-SDA); Gutenbergstr. 1, Bern; gegr. 1894; Genossenschaft der Schweizer Presse.

Spanien: Agencia Efe, S. A. (Efe); Ayala 5, Madrid; gegr. 1938; G.m.b.H. — *Agencia Mencheta;* Jovellanos 3, Madrid; gegr. 1882; Privatagentur. — *Logos;* 4, Alfonso XI, Madrid; gegr. 1928; Eigentum der katholischen Presse.

Südafrikanische Union: The South African Press Association (SAPA); P. O. Box 7766, Johannesburg, Harrison Street; gegr. 1938; Genossenschaft der Zeitungsverleger.

Tschechoslowakei: Ceska Tiskova Kancelar (CTK); Opletalova 5, Prag; gegr. 1918; Staatliche Nachrichtenagentur; Nachrichtenmonopol; Zusammenarbeit mit TASS.

Türkei: Anadolu Ajansi (AA); Ankara; gegr. 1920; Privatagentur. — *Turk Havadis Ajansi (THA);* Babiâli, Ankara Caddesi, Istanbul; gegr. 1950; Privatagentur.

UdSSR: Telegrafnoje Agenstwo Ssowjetskawo Ssojusa (TASS); Moskau; gegr. 1918 als Rossijkoje Telegrafnoje Agenstwo (Agit Rosta); seit 1925 TASS; Staatliche Nachrichtenagentur (vgl. S. 84).

Ungarn: Magyar Tavirati Iroda (MTI); I. Fém-u 5/7, Budapest 8; gegr. 1881; 80 % des Kapitals in Händen der Regierungskoalition, doch nicht Staatseigentum; Zusammenarbeit mit TASS.

Uruguay: Agencia Nacional de Informaciones (ANI); Avenida 18 de Julio 1333; Montevideo; gegr. 1945; Privatagentur.

Venezuela: Prensa Venezolana (Peve); Plaza del Pantéon n° 2, Caracás; gegr. 1940; Privatagentur.

Vereinigte Arabische Republiken: Middle East News Agency (MENA); gegr. 1956; genossenschaftliches Unternehmen; Mehrheit der Anteile im Besitz des Regierungsverlages Al-Tahir Cairo/Sharia Soliman Pasha.

Vereinigte Staaten: The Associated Press (AP); 50 Rokkefeller Plaza, New York City 20, USA; gegr. 1848; genossenschaftliches Unternehmen von 1435 amerikanischen Zeitungen (vgl. S. 78). — *United Press International (UPI);* 1958 durch Zusammenschluß von Internat. News Service (Hearst) und United Press (Scripps Howard) gegründet; NewYork 220 East 42nd St.

Vietnam: Agence Vietnam-Presse (VP); 116, rue Hông Thap Tú, Saigon; gegr. 1951; Privatagentur.

e) Die „Ente“ — Das „Dementi“

Dem durch die vorstehende Aufzählung ausgebreiteten, in seinen Knotenpunkten festgelegten Weltnachrichtennetz dienen Tausende von Menschen mit ganzer Kraft, arbeiten Tag und Nacht, die Nachricht in höchster Schnelligkeit durch alle Weltstationen zu jagen. Sie berechnen ihre politische, wirtschaftliche ebenso wie ihre menschliche und sensationelle Wirkung. Man kann dieses Netz von Nachrichtenwegen rund um die Welt auch mit einem System von Röhren vergleichen, durch die ständig Nachrichtenstoff gepreßt, aber auch angesogen wird. Wie überstürzt schnell dieser Vorgang sich abwickelt, zeigt sich, wenn einmal eine *falsche* Nachricht in dieses Röhrensystem gerät. Es ist dann oft sehr schwer, sie zu „killen", totzuschlagen, d. h., aus dem rasenden Tempo der Verbreitung sie wieder zurückzurufen. Die politische Aussendung bestimmter, entsprechend ausgerichteter Nachrichten in die Öffentlichkeit rechnet mit dieser Tatsache. In den großen geistigen, mit dem Mittel der Nachricht ausgefochtenen Kämpfen wird sie bewußt angewandt. Von der leicht gefärbten bis zur bewußt erlogenen Nachricht laufen Meldungen aller Zwecke und Richtungen durch die Nachrichtensysteme der Welt. Ihre Prägung ebenso wie ihre Verbreitung, die Vorsicht, mit der man sie auswählt, oder der Impuls, mit dem man sie auf den Weg bringt, sind heute nicht zuletzt eine gefährliche Waffe des Kalten Krieges geworden, harmloser auch in der innenpolitischen Agitation, wie z. B. in Wahlzeiten.

Eine alte Erfahrung lehrt, daß die Berichtigung immer viel langsamer läuft als die Falschmeldung, die sie einholen soll. Falsche Meldungen, wenn das Dementi sie an einem Ort einholt, sind infolge der Saugkraft des Nachrichtensystems schon zum nächsten Nachrichtenvertrieb weitergelaufen. Sie erscheinen dort, während sie 100 km rückwärts schon widerrufen werden. Diese so unter- und wiederauftauchende Nachricht kann durch Rundfunk heute zwar schneller als früher eingeholt werden, wird aber oft aus irgendeinem Interesse trotzdem noch weitergegeben, erscheint wieder und muß erneut totgeschlagen werden. Nicht zuletzt wegen dieses ständigen Unter- und Wieder-auf-tauchens trifft auf eine solche Falschmeldung der Name *Ente* zu, den ihr das Fach gegeben hat und der auch international (franz. canard) üblich ist. Der Ursprung des Begriffes ist umstritten. Schon Luther spricht (1537) von einer Lug-ente, in entsprechender Abwandlung von „Legende". N. D. = non delatur, gleich „nicht verbreiten", war das diplomatische Signum auf Tatsachenberichten, die falsch waren und nicht weitergegeben werden sollten. Diesem Ursprung widerspricht die Tatsache, daß auch im Französischen le canard = Falschmeldung heißt[1]). Gewiß setzt böser Wille und politische Absicht viele „Enten" in die Welt. Oft sind sie aber auch die Folge eines für nachrichtentechnischen Hochbetrieb aufgebauten

[1]) vgl. Piot, J. „Le monde des journaux", Paris 1924, S. 95.

Nachrichtensystems, das ständig beschäftigt sein will und, wenn keine Beschäftigung da ist, sich Beschäftigung erzwingt.

Auch das *Dementi* hat seine Psychologie und Technik. Von der streng eindeutigen Berichtigung bis zur vieldeutigen Dehnung des Tatbestandes gehen die Möglichkeiten. Diese Technik des Dementis wird namentlich in der politischen Polemik oft meisterhaft gehandhabt, indem nur Teile empört dementiert, ungenaue Nebensächlichkeiten aufgebauscht und ironisch abgetan, der oft richtige Kern der Behauptungen aber stillschweigend umgangen wird. Kampffreudige Nachrichtenpolitiker pflegen nicht nur zu sagen, daß eine Lüge Lüge ist, sondern auch, warum gelogen wurde. Statt zu widerlegen, gehen sie selbst zum Angriff über. Man nimmt den Hieb als die beste Parade. Die seit vier Jahrhunderten immer wieder auftauchende Seeschlange und ihre in tausend Meldungen immer neue Erscheinung ist eine der ältesten „Enten" der Geschichte. Rundfunk und Fernsehen vermögen, soweit es um ernsthafte Nachrichtenarbeit geht, jeder „Ente" heute sehr bald den Garaus zu machen, wenn nicht, wie in totalitären Ländern, die Falschmeldung bewußtes Mittel der Politik ist.

f) Die Nachrichtenmittel

Die Nachricht ist zu den Zeitgütern zu rechnen. Sie wurde eine „leichtverderbliche Ware" genannt. Seit jeher haben Zeitungen sich darum die beschleunigte Beschaffung der Nachricht viel kosten lassen. Die Gegenwartsfrische der Ware macht sich gut bezahlt. Schon lange vor dem Zeitalter des Dampfes und der Elektrizität haben Zeitungen große Mittel aufgewandt, oft bis zu zwei Dritteln der Zeitungskosten überhaupt, um die Eile des Nachrichtenlaufes zu steigern. Pferde und Läuferstaffetten, Schnellposten, Eilsegler, Brieftauben und optische Fernschreibversuche wurden, oft allein, oft untereinander verbunden, angewandt, um Spitzenleistungen der Schnelligkeit zu erzielen. Das elektrische Zeitalter hat die Nachrichtenwege mehr und mehr verkürzt, und die Erfindung der Funkdienste und der Bildtelegraphie haben sie nahezu aufgehoben. Seit dem Anlauf des Rundfunks und des Fernsehens ist nicht die Form der Übertragung und die Auswahl des Übertragenen, wohl aber der Nachrichtenweg aufgehoben. Die unmittelbar beobachtende oder zuhörende Beteiligung am Ereignis ist möglich geworden. Gleichwohl bleibt die Nachrichtenübermittlung erhalten und gewinnt weiter an Bedeutung. Daher ist die genaue Kenntnis der schnellsten und zuverlässigsten Nachrichtenwege und die geschickte und gründliche Ausnützung aller Nachrichtenmittel für den im Außendienst der Zeitung tätigen Journalisten Voraussetzung für seine Berufsarbeit und seinen Erfolg.

Alle Nachrichtenmittel leben, auch wenn ihre Glanzzeit vorüber ist, noch nebeneinander weiter fort. Zweifellos ist der *Brief* auch jetzt noch ein Nachrichtenmittel, aber er kommt heute, trotz Rohrpost und Flugpost, zu langsam vorwärts. Das Papier ist nicht in elektrische Wellen aufzulösen und in Sekundenhundertstel ans Ziel zu bringen. Für die moderne Zeitung sind daher die elektrischen Nachrichtenmittel die entscheidend wichtigen. Dabei sind übermittlungstechnisch *verschieden* nur Telefon und Telegraph, Fernsprecher und Fernschreiben. Beide Verfahren können durch Draht und Kabel oder durch Funksendung angewandt werden. Das gleiche gilt für die Bildsendung.

Der *Telegraph* ist in der elektrischen Fernmeldetechnik das älteste Nachrichtenmittel. Für den Nachrichtendienst hat der den großen Vorteil, daß er schreibt, daß er seine Mitteilung schwarz auf weiß fixiert, also zuverlässig in der Zeichengebung ist und gleichsam eine Urkunde liefert. Das kann für wichtige Texte und Zahlenmeldungen sehr bedeutsam sein. Die Schnelligkeit dieser schriftlichen Aufzeichnungen wird heute durch maschinelle Mittel sehr gesteigert. In der Nachrichtenübermittlung großer Agenturen wird seit 1945 nur noch *etwa 10 Prozent* durch Pressestenographen aufgenommen. Die technischen Mittel haben sich weitgehend durchgesetzt. Die Berichte werden an die „Aufnahme“ weitergeleitet, wo sie in einer Telefonzelle mit der Schreibmaschine aufgenommen werden, also sofort als fertiges Manuskript vorliegen. Dieses System hat sich heute fast überwiegend durchgesetzt. Früher mußte das vom Stenographen am Telefon Aufgenommene erst in Klartext übertragen werden. Für die Aufnahme von Meldungen, die über weite Strecken gehen, ist die Aufnahme in die Schreibmaschine zu zeitraubend (hohe Telefongebühren!); man zieht dabei deshalb die Aufnahme durch *Magnetophongerät* vor, mit dem die meisten großen Zeitungen und Agenturen heute ausgestattet sind. Gute Zeitungen lassen sich einen „eigenen Korrespondentenbericht" etwas kosten. So wendet beispielsweise eine große deutsche Tageszeitung 10 % ihres Umsatzes für Dienstleistungen der Bundespost auf, das ist zehnmal mehr als in der Wirtschaft üblich ist. Während die Berichte der Auslandskorrespondenten telefonisch eingehen, wird im Inlandverkehr vorwiegend der Fernschreiber eingesetzt. Die Bundesrepublik ist das fortschrittlichste Land der Welt, was die Fernschreibernutzung angeht. Sie hat 35 000 private Fernschreibanschlüsse.

Ein moderner Siemens-Lochstreifensender bzw. -empfänger arbeitet heute mit einer Geschwindigkeit von $^{1}/_{50}$ Sekunde pro „Schritt" und tut 3000 Schritte in der Minute. Heute verbinden neue Fernschreibgeräte und Rundschreibeempfänger, die den Klartext unmittelbar senden oder aufnehmen, die Nachrichtenbüros mit ihren Zweigstellen und den großen Zeitungen. Moderne Fernschreibgeräte haben eingebaute Lochstreifenempfänger bzw. -sender, bei denen der Klartext auf ein Lochstreifensystem übertragen und dann mit wesentlich höherer und gleichmäßigerer Geschwindigkeit an viele Empfänger gleichzeitig gesendet und empfangen werden kann.

Eine besondere Vervollkommnung hat das Fernschreiben durch die Erfindung des Hellschreibers erhalten (benannt nach dem Erfinder Hell). Seine Technik steht zwischen Schreibtelegraph und Bildfunk. Neben geringerer Störanfälligkeit werden Hörfehler vermieden. Rückfragen sind auch hier möglich gemacht. Außerdem kann die Empfangsseite, auch ohne daß Bedienungspersonal anwesend ist, Nachrichten aufnehmen.

Der *Fernsprecher* hat als Nachrichtenmittel seine besondere Aufgabe, ist aber gegenüber der Leistungsfähigkeit der Fernschreibegeräte etwas zurückgetreten. Sein Wert ist die persönliche Verbindung, die Fragen, Rückfragen, Ergänzungen usw. ermöglicht. (Über die Pressestenographen vgl. II, S. 6.)

Die *Bildtelegraphie* hat der Bildberichterstattung neue Möglichkeiten erschlossen. Es können Zeichnungen, Manuskripte, ja sogar ganze Zeitungen gesendet werden, praktisch all das, was Hell-Dunkelwerte, am besten Schwarz-Weißwerte, aufweist. Die Schnelligkeit der Bildübermittlung betrug vor 10 Jahren etwa 2 qdm in 12 Minuten (Berlin—Wien); heute kann ein Bild vom Format $13 \times 18 =$ 234 qdm in 6 Minuten gesendet werden. Bei niedrigeren Übertragungsgeschwindigkeiten (12 Min.) ist allerdings die Bildqualität einwandfreier, höhere Geschwindigkeiten gehen unter Umständen zu Lasten der Feinheiten des Bildes. Aber in der Schnelligkeit folgt das Bild nun dem Wort. Auch damit erringt es in der Tageszeitung eine immer größere, eine dem Wort fast gleichberechtigte Bedeutung. Die Bild*tages*zeitungen sind möglich geworden.

3. Die Nachrichtenpolitik

a) Nachrichtenstellen, Pressestellen und -ämter

Die weltweite Organisation und das dynamische Leben in den Nachrichtenunternehmen beweisen das Gewicht der Nachricht im Zeitgeschehen. Aus ihrer subjektiven Dehnungsfähigkeit und der Möglichkeit, sie bewußt zur politischen Meinungsbildung einzusetzen, erwächst die *Nachrichtenpolitik* (vgl. S. 59 f.).

Nachrichtenpolitik, bewußte Beeinflussung der Öffentlichkeit durch Verbreitung bestimmter Nachrichten oder Zurückhaltung anderer Nachrichten, ist eine allgemein geübte Praxis des öffentlichen Lebens. Sie ist keineswegs nur eine politische Technik. Sie wird von Interessenten jeder Art geübt. Auch private Interessenten, soweit sie durch die Öffentlichkeit gehen und aus ihren Neigungen und Abneigungen Nutzen oder Schaden ziehen, machen Nachrichtenpolitik. Sie ist Mittel der großen Politik ebenso wie des geschäftlichen Erfolges, sie bewirkt die Popularität eines Politikers ebenso wie die eines Filmstars. Die öffentliche Geltung, das „im Munde der Öffentlichkeit sein", die „Publicity", muß geschaffen, erhalten und immer erneuert werden. Dies gelingt besonders überzeugend durch die Verbreitung von Nachrichten mit dem Stempel des „Richtungsstoßes", durch Nachrichtenpolitik. Die „Publicity" gibt politische Macht oder geschäftlichen Erfolg, sie kann entthronen oder Macht schaffen. Daher hat die Nachrichtenpolitik im Gebiet der öffentlichen Aufgaben ebenso wie im Bereich der privaten Interessen ihre erfolgreichen Meister und ihre zweckbestimmten Organisationen.

Im Leben der Demokratien gehört die *sachliche Information der Öffentlichkeit,* zumal wenn sie der Kontrolle der Parlamente unterliegt, zu den Aufgaben der Regierung. Keine Regierung aber wird es sich nehmen lassen, den Nachrichten über ihre Arbeit — und sie ist einer der stärksten Nachrichtenproduzenten — vor der Öffentlichkeit die Form und Ausführlichkeit zu geben, die ihre Aufgaben fördern. Das wird, von der Regierung her gesehen, der bestmöglichen Erfüllung ihrer Aufgabe dienen und also sachlich sein. Von der Opposition, sei sie in der Presse oder im Parlament, wird die Regierungsinformation meist kritisch und rein nachrichtenpolitisch gewertet. Diese natürliche Spannung gehört zum Leben der Demokratie und sichert ihre Freiheit.

Die Pflicht und Notwendigkeit der Regierung, ihre Politik auch außerhalb des Parlamentes publizistisch zu vertreten, blieb lange auf die Subventionierung sogenannter *offiziöser Blätter* beschränkt. Im Reich waren bis 1918 die mit einem Stern versehenen Kurzartikel der „Norddeutschen Allgemeinen Zeitung" lange die einzige offizielle Publizistik der Reichsregierung. Die übrige Fühlungnahme mit der Presse vollzog sich ungeregelt und unter Bevorzugung bestimmter, dem Kurs der Regierung nahestehender Persönlichkeiten und Zeitungen. Daß dabei auch Subventionen in mehr oder weniger motivierter Form, teils für Nachrichten, teils für Artikel gezahlt wurden, ist erwiesen. Das ist auch heute nicht ausgeschlossen, wenn auch die Form der Bezahlung meist mit einem Auftragsvorwande begründet wird. Zahlungen an Journalisten aus Regierungsfonds für publizistische

Arbeit werden von den Berufsvertretungen der deutschen Presse als untragbar bezeichnet[1]). Deshalb äußerte der Deutsche Presserat in seiner Sitzung vom 14. Juni 1961 den Wunsch, daß alle Ausgaben, die den Verkehr der Bundesregierung mit der Presse angehen, über einen offenen Haushaltstitel laufen sollten[2]).

Nach 1870 entwickelte sich in Deutschland langsam eine vorsichtige, aber öffentliche und zweckmäßige Fühlung zwischen Regierung und Presse. Es begann mit einem „Pressedezernat" im Auswärtigen Amt, das zunächst nur die Blätter las, dann aber in persönlicher und gesellschaftlicher Weise nach vorsichtiger Auswahl Fühlung mit Zeitungen und Journalisten suchte. Der Leiter des Amtes, Geheimrat Hammann[3]), empfing in regelmäßigen Abständen einige führende Journalisten. Kriegs- und Marineministerium suchten dann in wehrpolitischer Werbeabsicht Fühlung mit der Presse. Andere Ministerien folgten. Im 1. Weltkrieg entwickelte sich dann überstürzt ein System von Pressestellen der militärischen und der zivilen Ämter, die auch eigene Pressedienste in großer Zahl herausgaben. Jetzt erst trat, in Verbindung zwischen der Presse und den Ämtern, eine *„Pressekonferenz"* ins Leben, in der die Amtsstellen die Presse regelmäßig unterrichteten und zu Auskünften zur Verfügung standen. Es kam zur Gründung der „Vereinigten Pressestellen der Reichsregierung", aus denen nach 1918 die „Presseabteilung der Reichsregierung" erwuchs. Im Hitlerregime wurde daraus innerhalb des „Reichsministeriums für Volksaufklärung und Propaganda" eine propagandistische Unternehmung („... denn das Volk soll lernen, einheitlich zu denken ... und sich der Regierung mit ganzer Sympathie zur Verfügung zu stellen", „Die deutsche Presse erhält jetzt nicht nur Informationen, sondern auch Instruktionen", Goebbels am 15. 3. 1933). Genau so ist es heute in den totalitären Ländern und der sowjetisch besetzten Zone Deutschlands[4]). Nach dem Zusammenbruch wurden im Neuaufbau der deutschen Politik in Westdeutschland der Zusammenarbeit zwischen Presse und Regierung wieder demokratische Formen gegeben (siehe 101).

Zwei Aufgaben haben im demokratischen Leben diese Pressestellen, Presseämter, Informationsämter oder wie

---

[1]) vgl. hierzu und zu den Beziehungen zwischen Staat und Presse allgemein die quellenmäßig ausgezeichnet gearbeitete Darstellung in Bd. II des großen Werkes von *Groth*, O., „Die Zeitung", Bd. 1—4, Mannheim 1928/30.

[2]) vgl. ZV u. ZV Nr. 20, 1961 S. 980.

[3]) Sogenanntes „System Hammann", vgl. Groth, a. a. O., Bd. II, S. 219 ff.

[4]) vgl. E. M. Herrmann, Die Presse in der S. B. Z., in: Die Deutsche Presse 1961.

auch immer sie genannt werden, zu erfüllen. Nach innen haben sie dem Amte über alles zu berichten, was in der gesamten Publizistik (Presse, Rundfunk, Film) an Nachrichten und Meinungen über das Aufgabengebiet des Amtes erscheint. Diese Arbeit leisten Lektoren, für das Ausland die Presseattachés der deutschen Vertretungen usw. Nach außen haben die Presseämter die Presse über alle für die Öffentlichkeit wichtigen Vorgänge zu unterrichten und auf Anfragen der Presse Auskunft zu geben (Auskunftspflicht vgl. S. 23). Sie können das in Einzelinformationen tun, die sie selbst geben, oder aber, indem sie die Fragenden an die zuständigen Fachreferenten weiterleiten. Über allgemeinwichtige Vorgänge wird in sogenannten *„Pressekonferenzen"* unterrichtet, die z. B. bei der Bundesregierung als selbständige Einrichtungen der Journalisten bestehen, bei denen die auskunftgebenden Regierungsvertreter zu Gast sind.

Die demokratische Organisationsform der Presseämter, die es heute für jede wichtige Amtsstelle gibt, selbst in kleinen Gemeinden, ebenso aber in Wirtschafts- und Sozialverbänden, in Industrie- und Handelsunternehmen und in Kulturinstituten mannigfaltiger Art, ist im allgemeinen immer die gleiche. Unterschieden sind die Presseämter nach den Persönlichkeiten, die sie leiten, und dem Geist der Offenheit oder Zurückhaltung, in dem sie Auskunft geben. Die Presse steht ihnen mit Skepsis gegenüber, doch sind sie eine Notwendigkeit. Der Ansturm von Pressevertretern auf die Ämter und die leitenden Persönlichkeiten würde anders kaum zu bewältigen sein. Gleichwohl ist es das Streben eines journalistisch und behördlich richtig geleiteten Presseamtes, den Pressevertreter genau zu kennen, ihm individuell behilflich zu sein, so daß er sicher zu der Information kommt, die seiner Zeitung wichtig ist. Das „Masseninterview" der Pressekonferenz ist aber für die Routinearbeit kaum zu entbehren. Die Presseämter sind zweckmäßig unmittelbar den Behördenchefs unterstellt.

So untersteht das „Presse- und Informationsamt der Bundesregierung in Bonn unmittelbar dem Bundeskanzleramt.

Der Leiter des Amtes ist der „Bundespressechef", dem (auch in der Amtsleitung) ein Stellvertreter beigegeben ist. Das Presse- und Informationsamt der Bundesregierung umfaßt fünf Abteilungen: I. Allgemeine Verwaltung, II. Nachrichten, III. Inland, IV. Ausland, V. Film, Funk, Bild, Fernsehen. Als amtliches Mitteilungsblatt erscheint in einer deutschen und mehreren fremdsprachlichen Ausgaben (Englisch, Französisch, Spanisch, Arabisch usw.) das „Bulletin".

Nach dem Bundeshaushaltsplan für das Rechnungsjahr 1961 betrug der Etat für das Presse- und Informationsamt der Bundesregierung 78 Millionen. Das Amt beschäftigt z. Z. etwa 600 Personen.

In den Vereinigten Staaten unterrichtet der höchste Beamte des Landes wöchentlich zweimal in einer Konferenz die Vertreter der Presse persönlich und beantwortet Fragen. Die Leiter der Presseämter nehmen an allen entscheidenden Sitzungen der Ministerien, Senate, Magistrate usw. teil, um genau unterrichtet zu sein.

In der hohen Politik gehen die Aufgaben der Ämter über die Beziehungen zwischen Staat und Presse meist weit hinaus. Sie werden allgemeine publizistische Vertretungen der Politik ihres Landes auf allen Gebieten der politischen Werbung, nicht nur im Bereich der Presse. Offen oder vertraulich verwaltete Mittel stehen dafür zur Verfügung, werden durch die Parlamente genehmigt und durch Ausschüsse oder durch die Rechnungshöfe kontrolliert. Die Auffassung, daß auch jede demokratische Regierung das Recht und die Pflicht hat, ihre Politik nach innen und außen auch publizistisch offen und auf geraden Wegen zu vertreten, ist heute Gemeingut — immer unter der Voraussetzung, daß die parlamentarische Kontrolle nicht ausgeschaltet ist. Im übrigen ist die rechte Presseinformation, die rechte Beeinflussung der Öffentlichkeit nicht nur durch Ämter zu schaffen. Sie ist heute eine der unentbehrlichen Arbeitsvoraussetzungen der Politikers und des Staatsmannes und des Staatslebens überhaupt.

Irreguläre und illegale Nachrichtenbeschaffung, zumal aus dem Stadium noch vertraulicher Entwicklung von Gesetzen und Verordnungen, durch Bestechung oder andere unsaubere Mittel — oft für andere als pressemäßige Verwendung versucht und vorgenommen — hat gefährliche Folgen für die gedeihlichen Beziehungen zwischen Regierung und Presse (vgl. hierzu die Darlegungen über Korrespondenz- und Informationsdienste II, S. 22f.).

In Ihren Beziehungen zur Öffentlichkeit bedienen heute die *Parteien* die Presse mit besonderen Nachrichtendiensten, meist in verschiedenen Stufungen. Sie geben allgemeine Dienste an alle Blätter und besondere Dienste für die der Partei richtungsmäßig nahestehenden Zeitungen. Schließlich lassen sie noch Informationsdienste erscheinen, die nur an befreundete Bezieher versandt werden und allgemeines Hintergrundmaterial übermitteln zum vertraulichen und persönlichen Verständnis der Vorgänge, die sich auf der politischen Bühne abspielen. Diese graduelle Unterscheidung der nachrichtenpolitischen Dienste ist auch von anderen politischen, sozialen und kulturellen Gruppen des öffentlichen Lebens übernommen worden.

b) Die Nachrichtenpolitik der Interessenten — „Public Relations"

Quer durch das gesamte öffentliche Leben laufen private, aber als öffentliche Aufgaben auftretende Interessen. Sie auseinander zu halten und gegebenenfalls einen wirklich öffentlichen Kern zu unterscheiden von eindeutiger Reklame, geschäftlicher Ausnutzung und persönlichem Geltungsbedürfnis, ist die schwere Aufgabe der Redakteure. Private und geschäftliche Mitteilungen, Ereignisse, Vorgänge, Anerbieten und Leistungen aber gehören in den Anzeigenteil. Dennoch im redaktionellen Teil der Zeitung mit privaten Interessen Widerhall zu finden, ist gerade das Bemühen geschäftstüchtiger Unternehmungen, die zum Teil Veranstaltungen und aufsehenerregende Vorgänge zu öffentlichen Ereignissen stempeln, um die starke Werbewirkung des redaktionellen Urteils und seiner öffentlichen Geltung für sich in Anspruch zu nehmen. Daß Höchstleistungen industrieller Werke, z. B. besondere Erfolge deutscher Wagen oder Schiffe, ebenso öffentlichen Charakter haben wie politische und soziale Ereignisse, ist unumstritten. Es gilt aber, die Grenzen einzuhalten. Jede Filmdiva hat heute ihren „Pressechef“. Von der Möglichkeit, Pressekonferenzen einzuberufen, machen heute Leute Gebrauch, deren öffentliche Wichtigkeit sehr fragwürdig ist. In Amerika wird es als besondere Leistung gewertet, Interessentennachrichten im Textteil der Zeitung unterzubringen und somit dessen öffentliche Geltung zu eigennützigen Zwecken zu nutzen. Ein eigener Berufsstand der „Press Agents“ betreibt dieses Geschäft. Treffend nennt der Amerikaner diese vorgespielte Nachrichtenarbeit: „to get free newspaper space“ — „Gratisraum in den Zeitungen gewinnen“. Um sich gegen solche oft schwer erkennbare Irreführung zu schützen, haben die großen amerikanischen Nachrichtenbüros eigene Auskunftsorganisationen gegründet. Das deutsche Zeitungswesen hat in seinen verantwortungsbewußten Blättern immer die deutliche Trennung zwischen Anzeigen- und Textteil aufrechterhalten. Um die Presse auch in einer Zeit schwieriger Wirtschaftslage den gefährdenden Einflüssen nachrichtenpolitisch tätiger Interessenten zu entziehen, haben die Vertreter der Werbung und der Presse entsprechende Vereinbarungen getroffen (vgl. II, S. 124).

Eine interessante Entwicklung des öffentlichen Lebens zeigt das Aufkommen der *„Public Relations“*. Man hat den amerikanischen Begriff ohne weiteres ins Deutsche übernommen oder versucht, ihn vorsichtig als „Öffentlichkeitsarbeit“ oder treffender aber weniger gebraucht als „Vertrauenswerbung“, oder sehr nüchtern „Beziehungspflege“ zu übersetzen.

„Public Relations“[1]) sind „human relations“ im öffentlichen Leben. Im Politischen suchen sie den Übergang von der Massenpropaganda zur persönlichen Aussprache und Werbung durch Vertrauen. Im wirtschaftlichen Leben kom-

[1]) vgl. Löckenhoff, H., Public Relations-Versuch einer Analyse der öffentlichen Meinungs- und Betriebspflege, Berlin 1958, ebd. umfangreiche Literaturangaben. — Ferner: Kropff, H. F. J., Synthese von Journalismus, Industrielle Publizität und Public Relations, exemplifiziert an Schönen Hauszeitschriften. Festschrift für Dovifat, Publizistik, Heft 6, 5. Jahrg., S. 491.

men sie von der groberen Psychologie der Reklame zur persönlichen herzlichen Beziehung von Mensch zu Mensch. Natürlich liegt auch hier die Absicht der Werbung zugrunde, sie wird aber ehrlich ethisch begründet. Nicht, daß man als Politiker nicht gestalten, als Beamter nicht verwalten, als Kaufmann nicht absetzen und verdienen wollte; bemüht ist man aber, zu zeigen, wie ideal die eigentliche Absicht ist, wie gut alles Menschliche betreut wird, wie vorbildlich nicht nur für die Kunden, sondern auch für die Arbeiter des Werkes und für ihre Lebensverhältnisse gesorgt wird, und wie man alle Dinge anständig und charaktervoll in Gang zu bringen sucht. Ein Streben, im Politischen wie im Wirtschaftlichen allen Dingen den Glanz guten Willens und eigentlich gemeinnützigen Charakters zu geben, ist allgemein deutlich und ein Vorzug aller „Public Relations".

Es ist das Gute an den „Public Relations", daß man sich bemüht, wahr zu machen, was ein gutes und herzliches Urteil in der Öffentlichkeit schafft. Man will menschlich nahe und gemeinschaftswürdig vor ihr stehen und tut alles, um überzeugend darzutun, daß das begründet ist. „Public Relations" wirken somit zum Teil auch nachrichtenpolitisch, mit der erfreulichen Auswirkung, die Zustände wirklich zu verbessern, allerdings nur da, wo sie ehrlich gemeint sind.

III. TEIL

Die Meinungs- und Willensbildung in der Zeitung

1. Meinung, „öffentliche Meinung" und politische Willensbildung

Indem die Zeitung Mittel der Nachrichtenverbreitung ist, ist sie, wie wir aus der Betrachtung der Nachricht sahen, auch Mittel der Meinungsführung und damit der Willensbildung in allen Fragen des öffentlichen Lebens. Diese zweite Aufgabe ergibt sich unlösbar aus der ersten. Immer wieder heißt es, die Presse bilde, forme, spiegele, führe „die öffentliche Meinung".

Der Begriff ist unklar. Ist im modernen Staat öffentliche Meinung=Massenmeinung? Auch der Begriff „Masse" ist umkämpft. Man hat erklärt, er sei nicht nötig, um öffentliche Erscheinungen zu erkennen[1]), man hat ihn durch die Begriffe der Mengen, der Vielheiten ersetzt und eine innere Gruppengliederung herausgearbeitet. Schon danach könnte also „die öffentliche Meinung" niemals Massenmeinung sein. Eine kurze Analyse ist zum Verständnis der Wirkung, die von der Zeitung ausgeht, nötig.

Was ist *Meinung?* Meinung ist ein weicher, unsicherer Begriff. Wie deutlich und klar stehen ihm gegenüber die Begriffe „Überzeugung" oder auch „Wissen" oder „Glauben" da. „Meinst du nicht auch . . .?" Diese vorsichtig tastende Frage zeigt die ganze lasche Unsicherheit, die dem Begriff „Meinung" innewohnt. Wissen besitzt man, überzeugt ist man, eine Meinung „hegt" man, das heißt, sie soll erst noch reifen. Meinen, so argumentiert Kant, ist ein mit Bewußtsein sowohl objektiv wie subjektiv unzureichendes Fürwahrhalten. Wissen ist objektiv, Glauben subjektiv zureichendes Fürwahrhalten. Neben diese Weichheit und mangelnde Fertigkeit tritt aber noch eine zweite Eigenart der Meinung. Sie geht im allgemeinen darauf aus, sich durch Zustimmung *anderer* zu festigen. Den seelischen Vorgang hat Thomas von Aquin psychologisch festgehalten: „Im Meinenden lebt noch ein innerer Widerspruch. Er bangt, daß der *andere* recht hat. Um so mehr will *er* recht behalten"[2]). Also wehrt er sich und sucht argumentierend und diskutierend Zustimmung zu gewinnen — daher die ständige Werbefreude des Meinenden. So umschreiben wir den Begriff:

Meinung ist ein objektiv noch unzureichendes Fürwahrhalten, das aber sich festigen möchte und daher werbend Zeugen und Bestätigungen sucht.

---

[1]) vgl. Baschwitz, Kurt „Du und die Masse", Amsterdam 1938.

[2]) „Opinio enim significat actum intellectus, qui fertur in unam partem contradictionis, cum formidine alterius", Summa I 79, 9/4.

Betrachtet man nun den Begriff „*öffentliche*“ Meinung, so erwächst sofort ein neuer Gegensatz. Die Meinung trägt sehr stark den Stempel des Individuellen — gerade weil sie auf einer inneren Unsicherheit, einem nur gesuchten, keineswegs erreichten Ziel beruht. Der Begriff der „öffentlichen Meinung“ mutet daher geradezu wie ein Widerspruch in sich an. Der Begriff „Öffentlichkeit“ trägt genau die umgekehrten Vorzeichen des Begriffes Meinung. Hier, beim einzelnen, ein „subjektiv unzureichendes Fürwahrhalten“ (Kant), dort, in der „Öffentlichkeit“, eine unbestimmte Vielheit von Menschen. „*Die*“ öffentliche Meinung als „einheitliche Meinung“ der Öffentlichkeit ist nicht vorstellbar (Tönnies), selbst nicht in Lebens- und Existenzkämpfen eines Volkes, weil Temperament, Lebensalter und Lebenslust auch dann noch die verschiedenen Gruppen zu ganz verschiedener Äußerung und Auffassung führen. Ziel einer klugen und fähigen Staatsführung wird es immer sein, ein höchstmögliches Maß gemeinsamen Wollens auf Grund weitgehend gemeinsamer Meinung herbeizuführen. Das in freier demokratischer Überzeugung, und nicht, wie die totalitäre Führung, durch die Verbindung von Suggestion und Terror zu erreichen, ist hohe staatsmännische Kunst. Daraus folgern wir:

„Die“ öffentliche Meinung als Einheit und Gleichrichtung der Meinungen einer ungeteilten Öffentlichkeit gibt es nicht. Es gibt „öffentliche Meinung“[1]) *und „Meinungen in der Öffentlichkeit“*[2]).

Überwiegende, stark hervortretende Meinungen gibt es, eine totale, von allen gehegte „Meinung“, also *eine* öffentliche Meinung gibt es nicht. Allerdings wird der Begriff in den Demokratien sehr gefeiert und als eine einheitliche Kraft angesehen, die in der Diskussion jede Gruppe für sich in Anspruch nimmt. Es ringen in der natürlichen demokratischen Gestaltung des öffentlichen Lebens Parteien, Bünde, Vereinigungen öffentlich miteinander. Jede Partei

1) Tönnies, Ferdinand, „Kritik der öffentlichen Meinung“, Berlin 1922

2) Bauer, Wilhelm „Die öffentliche Meinung und ihre geschichtlichen Grundlagen“, Tübingen 1914.

stellt sich gleichsam an die Spitze *„der* öffentlichen Meinung". Man läßt sie „fordern" und „aufrufen", „zustimmen" und „ablehnen". Bauer nennt den praktisch nicht vorhandenen Begriff „die öffentliche Meinung" einen „Hilfsbegriff für Wissende". Gerade totalitäre Regierungen erklären, von „der" öffentlichen Meinung getragen zu sein. Man nutzt ihre frech behauptete Zustimmung geradezu als suggestive Macht, man lähmt dadurch die Minderheiten. „Die" öffentliche Meinung ist nicht nur eine Täuschungstechnik der Massenpsychologie, sie ist auch ein Mittel der „Machthaberpsychologie"[1]). Als solcher Hilfsbegriff ist „die" öffentliche Meinung in seltsamer Vermischung vorhandener und angedichteter Wesenszüge durch die Geschichte gegangen und steht auch in der Gegenwart umstritten, mißbraucht als enthusiastischer oder propagandistischer Hilfsbegriff, immer wieder werbend verwandt, obgleich längst nachgewiesen ist, daß er als „die" öffentliche Meinung nichts anderes ist als ein gefährlicher Trick. Der Begriff ist einfach nicht totzuschlagen. In seiner zwielichtigen Natur aber erschließt er bei näherem Zusehen lehrreiche Zusammenhänge auch zum Verständnis der *Zeitung*.

In der Französischen Revolution wurde die „opinion publique" als große moralische Kraft gefeiert und auch in den Vereinigten Staaten (public opinion) als eine Sphäre bereinigender Wirkung angesehen, innerhalb derer sich alle Dinge ausgleichen, bessern und im Gemeininteresse zum Guten wenden, wenn sie nur ganz und ohne Einschränkung an die Öffentlichkeit kommen. („Light is the great policeman.") Leider hat die Erfahrung dieser Idealisierung keineswegs recht gegeben. Die totalitäre Propaganda z. B. hat die Meinungen in der Öffentlichkeit überwältigt, niedergezwungen und suggestiv gleichgerichtet. „Die" öffentliche Meinung als die Fiktion der einheitlichen Meinung vieler ist heute alles andere als ein Reinigungsbad. Sie ist durchsetzt, beeinflußt, of auch planmäßig verirrt und fehlgeleitet. Selten nur genügt sie dem idealistischen Glauben,

---

[1]) Baschwitz, Kurt „Die Macht der öffentlichen Meinung", in: Publizistik als Wissenschaft. Sieben Beiträge für Emil Dovifat, Emsdetten 1951.

den eine romantische Zeit in sie setzte. Auch in den frühen Begriffsbestimmungen zeigt sich eine innere Vieldeutigkeit des Begriffes. *Wieland* nennt die öffentliche Meinung „eine Meinung unter den Klassen, die im Staat das Übergewicht ausmachen", der Staatsrechtslehrer *Bluntschli* sieht ihre Macht mit der der Mittelklasse wachsen. *Ranke*, der Geschichtschreiber, nennt sie „den nächsten Ausdruck der inneren Bewegung und Umwandlung des allgemeinen Lebens", während *Bismarck* die „wahre öffentliche Meinung aus gewissen politischen, religiösen und sozialen Vordersätzen in einfachster Fassung in der Tiefe des Volkslebens" sich als „Unterströmung" erzeugen läßt, sie aber an anderer Stelle auch „die tägliche Strömung" nennt, „die in der Presse und in den Parlamenten am deutlichsten rauschet". Ähnlich kennzeichnete sie schon der englische Staatsmann Sir Rob. *Peel* (1820): „Sie ist eine große Verbindung von Torheit, Schwäche, Vorurteil, wahren und falschen Gefühlen, Hartnäckigkeit und kurzen Zeitungsnotizen." Oliver *Cromwell* fragt: „ist die öffentliche Meinung nicht eine ganz unfaßbare Sache, die zu jedem spricht, was er zu hören wünscht? Ist sie nicht wandelbar wie das Aprilwetter?"

In diesen Begriffsbestimmungen sind ganz verschiedene Grade und Aggregatzustände (Tönnies) der öffentlichen Meinung zu finden. *Görres* deutet sie an:

„Soll die öffentliche Meinung eines Volkes etwas an sich bedeuten, so muß sie notwendig sich erst *befestigt* haben; es muß Punkte geben, worauf sie sicher ruht und um die das *allgemeine Einverständnis* sich sammeln muß. Es müssen Grundsätze zur allgemeinen Anerkennung gelangen, über die das allgemeine Urteil *niemals schwankt* und wechselt."

Danach sind mindestens zwei Formen öffentlicher Meinung festzustellen. Eine solche, um die „das Einverständnis aller sich sammelt", und eine andere, die sich noch nicht befestigt hat. Diese hat Görres, indem er ihre ungeformte, unartikulierte Natur deutet, auch „das Gemurmel", „das Getöse" genannt. Sie ist wohl mit jener „öffentlichen Meinung" gleichzusetzen, die Cromwell wandelbar wie das

Aprilwetter nennt, und die von Bismarck als „Strömung des Tages“ bezeichnet worden ist. Nennen wir sie tagesgebundene *Meinung*.

Wenn Görres nun von ihr fordert, daß sie sich zu Grundsätzen befestige, „über die das allgemeine Urteil nicht schwankt und wechselt“, so sind wohl jene Grundauffassungen gemeint, von denen Bismarck sagt, daß sie „in einfachster Fassung aus gewissen politischen, religiösen und sozialen Vordersätzen in der Tiefe des Volkslebens erzeugt“ eine „Unterströmung“ darstellen. Zu ihnen zählen die ethischen und sozialen Grundbegriffe, allgemeine Grundauffassungen über Sitte, Eigentum, Freiheit, Menschlichkeit, wie sie gewiß auch dem Wandel, aber erst nach jahrhundertelanger Einwirkung und nach ebenso starker Wandlung der sozialen und wirtschaftlichen Grundlagen einer Epoche unterworfen sind. Diese so entstehende große „Unterströmung“ wollen wir die *allgemeine Grundhaltung* nennen, da der labile Begriff „Meinung“ hier nicht herpaßt.

Nun erhellt ohne weiteres, daß die tagesgebundene Meinung sich zweifellos niemals ohne Übergang zu dieser allgemeinen Meinungsgrundlage entwickeln kann. Mehrere, mindestens aber eine Zwischenstufe, sind einzuschieben. Sie entstehen dadurch, daß große Meinungsgruppen der gänzlich ungeprägten und unklaren Form nur vom Tagesgeschehen beeinflußter Meinung, der tagesgebundenen Meinung, entwachsen und sich um festere, wenn auch noch keineswegs endgültige Sammelpunkte niederschlagen, die selbst wiederum aus den wechselnden Forderungen der Zeit in werbender und kämpfender Form, z. B. eines Parteiprogramms oder des Programms einer Bewegung, vorgetragen werden. Soziologisch ist diese Form der Meinung meist an eine Gruppe Gleichwollender gebunden, die deswegen noch nicht die Form einer Partei oder institutionelllen Organisation angenommen haben muß, sie ist eine Gruppenmeinung, deren Forderung aus der Zeitentwicklung sich entfaltet. Wir nennen diese mittlere Form die *zeitgebundene Meinung*, denn sie wird von sachlichen und persönlichen Kräften aufgenommen, getragen und verfochten, die die Zeit gestalten wollen. Ferdinand Tönnies, der Theoretiker unseres Begriffes, hat diese Unterscheidung an Aggregatsvorstellungen geknüpft. Er unterscheidet „feste, flüssige und gasförmige öffentliche Meinung".

Für die zeitungsfachliche Betrachtung ist besonders die *Wechselwirkung* dieser drei Meinungsformen bedeutsam. Unausgesetzt geht hier die Wandlung. Die „Fortentwicklung des allgemeinen Lebens" (Ranke) führt zu Tagesereignissen, die das Interesse der tagesgebundenen Meinung entfachen. Da entsteht der sogenannte „Fall", seit jeher der Gegenstand besonderen Interesses für die Zeitung. Häufen sich die „Fälle", so bilden sich Gruppen, die auf Grund programmatischer Zielsetzung dazu Stellung nehmen. Es wächst eine Gruppen- und zeitgebundene Meinung, die aber, will sie wahrhaft politisch sein, über die bloße Meinung hinaus politische Kraft, d. h. politisches Handeln werden muß und so die Zeit fortbewegt. Jeder Zeitwandel hat sich in seinem geistigen Ausdruck in dieser Stufenfolge vollzogen und wird sich immer so vollziehen.

Welcher Meinungsstufe dient nun die Zeitung? Als *publizistisches* Mittel soll sie zu Tun und Handeln führen, sie muß also die Meinungselemente zu Willensimpulsen verdichten. Sie hat „jüngstes Gegenwartsgeschehen" wiederzugeben, also geht sie von der tagesgebundenen Meinung aus. In jedem Falle wird sie aber den Tagesereignissen eine Deutung aus einer übergeordneten Überzeugung geben, und wäre sie nur in Auswahl und Aufmachung begründet. Meistens aber wird im Kommentar, im Leit- oder Kurzartikel eine Deutung der Ereignisse gegeben, die das Tagesgeschehen in zeitbestimmte Forderungen einordnet. In ihrer politischen Überzeugung ausgeprägte Blätter werden in jedem Fall zu den Tagesereignissen aus ihrer — zeitgebundenen — Auffassung sprechen und ihre Leser in ihre Überzeugung zu führen suchen. Andere Blätter werden allein die Tagesereignisse darbieten, werden versuchen, die sensationellen Einzelheiten des Ereignisses breit auszuwalzen. Sie werden die höhere Wertung dem Leser überlassen oder bewußt darauf verzichten, sie wachzurufen, ja sie durch immer gesteigertes Nachrichtentempo und, indem sie peinlichstes Detail ausmalen, unausgesetzt aufs neue ablenken und die gesinnungsmäßige Deutung gar nicht zulassen. Es entsteht so die grundsatzlose zynische Form eines erregenden Sensationsjournalismus. Er ist eine Gefahr für die Aufnahme und Anregung eines ernsten zeit- und grundsatzgebundenen Urteils[1]). Er erzielt in vielen Köpfen eine konfuse Fahrigkeit, zerstört selbst den Anlauf zu tieferer Betrachtung und öffnet damit — bei entsprechender Propaganda in entsprechendem Zeitgeschehen — der totalitären Überwältigung wieder Tür und Tor. Die sogenannte „nur-journalistische Technik" ist den totalitären Mächten daher immer willkommen; sie hält den Weg frei zum Einbruch ihres propagandistischen Gewaltangriffs.

Aufgabe der Zeitung ist es, die Ereignisse des Tagesgeschehens aus den ungeklärten, voreiligen, unsachlichen und gefühlsbetonten Urteilen der tagesgebundenen Meinung in die gefestigtere zeitgebundene Meinung herüberzuführen und so Überzeugungen vorzubereiten. Der Vorgang vollzieht sich in freier Meinungsbildung aber unter verantwortlich erfüllten öffentlichen Aufgabe der Zeitung (s. S. 21).

In der totalitären Welt ist die Überführung der Meinungen aus dem vagen Meinungsrausch des tagesbestimmten Zeitgeschehens nicht in eine freie, nach verschiedenen Grundsätzen geprägte zeitgebundene Meinung, sondern einzig in die kontingentierte und diktierte Meinung der politischen Machthaber möglich. Diese Aufgabe ist der Presse durch Richtungsanweisungen und sogenannte „Sprachregelung" vorgeschrieben. Sie hat „die Nation zu

---

[1]) Es gibt eine Ideologie der Boulevardpresse, die sinngemäß als *„Reflextheorie"* bezeichnet wird. Sie geht von der Behauptung aus, die Zeitung habe keinen anderen Sinn, als alle Ereignisse einfach zu reflektieren und damit die Ereignisse und nicht die Zeitung für die Folgen verantwortlich zu machen. Der Fehlschluß ist klar: nur die extremen Fälle werden gehäuft, nicht aber die breite Regel des Alltags. Es entsteht eine falsche Multiplikation der Dinge und ein schiefes Lebensbild. Die gefährliche aber oft verteidigte Theorie findet sich in dem von Leuten des „Daily Mirror", des auflagenstärksten englischen Boulevardblattes, herausgegebenen Werk: Cudlipp, Hugh, Publish and be damned, London 1955, deutsch unter dem Titel: Sensationen für Millionen, München 1955.

innerer Einheit und geschlossenem politischem Wollen zu bringen". In der sowjetisch bestimmten Presse ist die einheitliche Linie durch Vierteljahres-, Monats- und Wochenanweisungen von vornherein bestimmt. Die Presse und ihre Meinungsführung sind hier „operatives Mittel, kollektiver Organisator in der Hand der Partei und der Sowjetmacht"[1]).

Es ist die schöne, unermüdlich geübte Aufgabe des Journalisten, den Leser durch eine Berichterstattung von äußerster Korrektheit und umfassender Gründlichkeit, getragen von der Einsicht in die inneren Ursachen und Zusammenhänge aller Ereignisse, aus der flüchtigen und oft so törichten und gehässigen Tagesmeinung zu festen Urteilen und sicheren Maßstäben hinzuführen. Hier sind die Ansätze zu echter politischer Reife und zur Überwindung des emotionalen Massenurteils in der praktischen Politik. Hier liegt auch der Schlüssel, soziale Maßnahmen, Verwaltungsentscheidungen klar und verständlich zu machen und so den besten Schutz der Demokratie zu verbreitern: das politische Verständnis und die politische Mitarbeit.

So zeigt sich die freie Führung der Massen aus der tagesgebundenen in die zeitgebundene Meinung als eine allgemein demokratische, eine staatsbürgerliche Aufgabe! (Vgl. auch Politische Redaktion, II, S. 36f. sowie II, S. 154.)

2. Die Form der Meinungsführung

a) Die Sprache in der Zeitung

Die Ausdrucksmittel der Meinungs- und Willensbildung sind mannigfaltig. Sprache und Bild sind die Ausdrucksmittel der Zeitung, „Sprache" nicht nur als der physische Vorgang der Lautbildung, sondern ebenso in der von innen her belebten und geformten Wiedergabe der Gedanken als

---

[1]) So Lenin; vgl. Dovifat, E. „Freiheit und Zwang in der politischen Willensbildung. Formen der demokratischen und totalitären Meinungsführung" aus Veritas, Justitia, Libertas, Festschrift für die Columbia-Universität, Berlin 1953.

selbständig wirkende Kraft. So gibt es eine schwere Sprache, eine dunkle Sprache, eine klare Sprache, eine überhebliche Sprache, eine ängstliche Sprache. Es gibt eine Sprache des Gelehrten, des Kaufmanns, des Soldaten. Es gibt auch eine Zeitungssprache, ein „*Zeitungsdeutsch*", das oft Gegenstand heftiger Kritik ist.

Die Klagen über das Zeitungsdeutsch sind so alt wie die Zeitung selbst. Schon Caspar von Stieler (1695) hat darüber gejammert, Schopenhauer hat seine Kritik in klassischer Grobheit verewigt und Nietzsche sagte: „Schweinedeutsch — Verzeihung, Zeitungsdeutsch". Seitdem ist es üblich, sich über Zeitungsdeutsch zu entrüsten. Sprachreformer und Gelehrte überbieten sich darin.

Dabei ist denn doch einiges auseinanderzuhalten. Zunächst ist zu beachten: Die Zeitung muß sich täglich, ja stündlich mit ihrer Sprache der Kritik auf offenem Markt aussetzen. In einer Gesamtauflage von über 20 Millionen Stück spricht in Deutschland Tag um Tag die Zeitung zum Leser. Des weiteren hat sie in der Hast und Eile ihres Entstehens auch tausendmal mehr Gelegenheit zum sprachlichen Sündenfall als etwa der Gelehrte, der in Ruhe und Muße seine Sätze formt. Fehler brauchen darum nicht entschuldigt zu werden, doch sollte man ihre Ursachen erkennen.

Die Zeitungssprache ist eine Berufssprache, wie jede andere. Sie muß entsprechend gewertet werden. Gerade für die Erkenntnis der Mängel ist es daher wichtig, zweierlei festzustellen: das Zeitungsdeutsch ist meist immer noch besser als das Deutsch, das im kaufmännischen Schriftverkehr, in mancher behördlichen Verordnung und vielfach auch immer noch in gelehrten Werken geschrieben wird. Das Deutsch der Leitartikel, der Korrespondenzberichte, der Glossen, Kurzartikel, Kritiken und Feuilletons ist im allgemeinen gut und sicher wirksamer als das Deutsch der Kritiker, die rein grammatische und syntaktische Splitterrichterei betreiben oder sich über Fremdworte empören, selbst da, wo sie angewandt werden, um bewußt fremde Dinge herzuzaubern. Diese Kritiker vergessen, daß in der

Publizistik die Sprache eine Kraft, ein Wirkungswille, ein Vorstoß ist, etwas zu erreichen, durchzusetzen, ja, zu erzwingen, daß also die Sprache lebensnah und verständlich bleiben muß. Manchmal wird sie eben dadurch auch neu und schöpferisch. Es gibt andererseits eine „Reinigung" der Sprache, die nahezu auf chemische Weise die Dinge auflöst und jedenfalls unfruchtbar bleibt. („Wir waschen, und rein sind wir ganz und gar, aber auch ewig unfruchtbar." Die Hexen im Faust.)

Allerdings ist nicht zu leugnen, daß die Sprache in publizistischer Aktion sich überschreien kann und damit unschön wird. Ebenso ist es auch die Eigenart der Zeitung, daß sie in ihrer Anpassung an das öffentliche Leben ihren Stil prägt. Wie sie in ihrer Stoffauswahl in einem bestimmten begrenzten Umfange der Augenblicksstimmung, der Modeströmung, dem Zeitgeist entgegenkommt und entgegenkommen muß, so zeigt sie gelegentlich die Neigung, Sprachgut zu übernehmen, das gerade im öffentlichen Leben besonders genutzt wird. Zeiten heftiger politischer Kämpfe zeigen im Tonfall der Presse den Einfluß der Versammlung und der Massenrede. Der unheilvolle Einfluß des Sportjargons verdarb die Sprache vieler Blätter. Die gesuchte, affektierte, gebildete, geistreiche Sprache in den Feuilletonteilen intellektueller Blätter hat manchem Zeitungstyp müde, snobistische Gesichtszüge gegeben. Man kann es als Regel aussprechen, daß manche Fehler der Zeitungssprache geradezu den verdrehten Absonderlichkeiten anderer Berufssprachen, insbesondere auch der oft so unanschaulichen Gelehrtensprache entstammen. Schließlich lähmt auch der fortwährende Sprachgebrauch das Sprachgut und nutzt es ab.

Zusammengefaßt: In Teilen ihres sprachlichen Ausdrucks, vom Leitartikel bis zum Feuilleton, gibt die deutsche Zeitung klares Sprachgut und eine aus der engen Fühlung mit dem praktischen Leben oft volkstümlich-schöpferische Sprachleistung. Die *Fehler* der Zeitungssprache stammen aus vier Quellen:

1. Aus der *Sprache der Anlehnung.* Sie paßt sich bestimmten Lebensgebieten, über die berichtet wird, an, übernimmt deren beschädigtes und korruptes Sprachgut, um das „Milieu“, die „Atmosphäre“ des Ereignisses zu treffen. Beispiele: dunkle, gelehrt wichtigtuende Sprache in Buchkritiken. Sprache der Haute Couture in Modeberichten. Sprache des Sports in Sportberichten. Kaufmannsdeutsch in Handelsteilen der Zeitung. Doch muß festgestellt werden, daß die Zeitungen bemüht sind, in ihren Berichten über den Berufsjargon anderer Lebensbereiche hinauszukommen. Sie haben damit dem deutschen Sprachgut einen großen Dienst erwiesen. (Man vergleiche z. B. die Sprache der Handelsteile in den Zeitungen von 1890 und heute.)

2. Aus der *Sprache der Übersteigerung.* Die sogenannte Schreisprache entsteht durch übereindringliche Formulierung in begeisterter ebenso wie in kritischer Darstellung. Überstarke Farben und letzte Steigerungsgrade machen die Sprache geschmacklos.

3. Aus der *Sprache der Ermattung.* Sie nutzt resigniert abgebrauchte Sprachklischees. Diese Entartung zeigt sich, wenn ein Reporter jahrelang gleiche oder ähnliche Vorgänge immer wieder beschreiben oder berichten soll (z. B. dreißig Jahre hintereinander täglich den Börsenkurs kommentiert). Dann versagt nicht nur das Sprachgut, sondern ebenso der Schreiber. Die Sprache erhält gleichsam eine beschmutzte Alltagskleidung.

4. Aus der *Sprache der Abkürzung.* Sie entsteht dadurch, daß in eiliger Übermittlung durch Telegraph und Fernschreiber, wobei das Sprachlaster der Substantivierungen besonders wütet, ein Text gekürzt oder beim Umbruch zum Einpassen in die Form zurechtgestrichen wird. In der Eile der Schlußredaktion bleibt dann unvermeidbar ein unschöner Torso stehen.

Diese Fehler werden nicht verkannt. Es wird fortgesetzt daran gearbeitet, sie zu überwinden.

Wer gutes Zeitungsdeutsch schreiben will, löse sich also von allen Eigenarten anderer Berufssprachen. Er gehe von den allgemeinen, natürlichen und gesunden Sprachgesetzen aus. Das ganz natürliche, einfache und echte Sprachgefühl muß auch das Lebenselement des deutschen Ausdrucks in der Zeitung sein. Wer ihn meistern will, muß freilich ein inneres Verhältnis zu seiner Sprache haben. Er muß wissen, daß ihm in ihr eines der höchsten Kulturgüter anvertraut ist. Überblickt er sie philologisch, daß heißt in ihrem Wortschatz, in ihrer Geschichte, ihrem Aufbau und der Satzgliederung, so ist das wertvoll, wichtiger aber noch als der Besitz des Sprachgutes, ist der Spracheinsatz, die Sprachkraft und Wirkung, das *Spracherlebnis*. Für die publizistische Aufgabe ist es unentbehrlich. Ohne daß von innen heraus die Sprache gefaßt wird, gelingt kein publizistischer Erfolg. In der Sprache ruhen wiele, wenn auch nicht alle Geheimnisse der publizistischen Wirkung. „Die Sprachen sind die Scheiden, darinnen die Schwerter des Geistes verborgen ruhen" (Luther).

Zur Praxis gewandt spricht man weniger von der Sprache als von dem *Stil* eines Menschen. Oberflächlich gesprochen ist der Stil eine Ausdrucksform, angewandt auf einen Tatsachengehalt. Der Zweck des Ausdrucksvorganges bestimmt die Natur des Mittels. Doch nicht der Zweck allein, die Persönlichkeit des Sprechenden, der Mensch steht hinter dem Wort und führt es in seiner Art. Die *persönlichen Kräfte* sind es, die dem Stil lebendiges Sein geben. Diese Kräfte sind Eigenschaften des Geistes. Sie geben Bildung und Wissen, Überblick, Weite und Bilderreichtum. Es sind Eigenschaften des Charakters. Der Wille gibt Ziel und Durchschlagkraft. Sehr wirksam zeigt sich das dort, wo ihr das Temperament zu Hilfe kommt, das mit Hingabe und Schwung sich einsetzt mit einem zwingenden eindringlichen Pathos, das den Leser mitreißt. Auch das Ethos des Schreibenden trägt die stilistische Form, macht sie skeptisch oder gläubig, zynisch niedergehend oder froh emporsteigend. Unerläßlich also ist die Gabe der Form.

Wo die *Formbegabung* fehlt, sind alle anderen Voraussetzungen vergeblich. Sie allein kann Geist und Charakter in rechtem innerem Ausgleich miteinander in ein Ganzes und damit zur Geltung bringen. Nur ihr gelingt die Anschaulichkeit, die Klarheit, das unwägbar Anziehende, das zur freudigen Aufnahme durch den Leser führt und das Ziel der publizistischen Aktion erreicht. Neben die sachlichen Voraussetzungen der Stilbildung treten also in hohem Maße die einheitlich verbundenen persönlichen Kräfte.

Diese persönlichen Kräfte des Stils sind keineswegs immer deutlich erkannt worden. Die Alten pflegten die publizistische Stilistik in der Rhetorik und nannten sie die Kunst, „die Geister durch Gründe zu überzeugen" (Plato), das „Glaubenerweckende aus den Dingen zu fördern" (Aristoteles). Sie lehrten diese Kunst. Die Redeschulen Ciceros und Quintilians gipfelten in der Stilforderung der Klarheit, Schönheit und Angemessenheit, und lange hat man nach der Angemessenheit des Stils gegliedert in eine Rhetorica utens (Politiker, Advokaten) und Rhetorica docens (Lehrer, Philosophen, Geistliche).

Mehr als der Deutsche hat dann der Franzose sich mit dem Formproblem beschäftigt. Einer der bekanntesten Stilisten des 18. Jahrhunderts, George Buffon, schreibt: „Pour bien écrire il faut donc posséder pleinement son sujet" „Man muß, will man gut schreiben, zunächst den Gegenstand, über den man schreibt, voll erfaßt haben" (Verstandesvoraussetzung) „il faut y réfléchir pour voir clairement l'ordre de ses pensées et en former une suite" „dann muß man nachdenken, um die innere Ordnung der Gedanken klar zu sehen und sie in einen Reigen zu bringen" (Formvoraussetzung) „et lorsqu'on aura pris la plume, il faudra la conduire successivement sur ce premier trait sans lui permettre de s'en écarter" „Hat man aber zu schreiben begonnen, muß man die Feder vom ersten Zuge an weiterführen und ihr nicht erlauben, irgendwohin auszubrechen" (Willensvoraussetzung). „Le style suppose la réunion et l'exercise de toutes les facultés intelligentes" „Der Stil vereinigt und nutzt alle Geisteskräfte". Es sind also alle geistigen und charakterlichen Eigenarten, die im sprachlichen Ausdruck sich auswirken. Aus diesen Gedankengängen entwickelt Buffon dann den oft falsch zitierten Satz: „Les choses sont hors de l'homme, le style est de l'homme même" „Die Dinge sind außerhalb des Menschen, der Stil aber ist vom Menschen selbst". Damit sind die wesentlichen Stilvoraussetzungen auf die *Persönlichkeit* zurückgeführt. Diese Auffassung ist allgemein. Packend und mit vielen Beispielen belegt schildert *Jean Paul* sie in seiner Stillehre („Über den Stil oder die Darstellung"): „Der Stil ist der zweite, der biegsame Leib des Geistes." *Schopenhauer* stellt fest: „Der Stil ist die Physiognomie des Geistes." Für

Goethe ist Stil die Sprache, „in der sich der Geist des Sprechenden unmittelbar ausdrückt und bezeichnet". Die jüngere Forschung hat diese starken psychischen Einflüsse auch physiologisch erklärt und hat bestimmte Grundtypen des Ausdrucks entwickelt (Rutz-Sieverssche Typenlehre). Diese Gesetze findet jeder auch ohne theoretisches Studium bestätigt, dem die Sprache inneres Erlebnis geworden und dem Sprachbesitz ein Reichtum ist, jede Persönlichkeit spricht ihre Sprache und schreibt ihren Stil. Fehlt diese Eigenart, so ist das erst recht kennzeichnend. Unausgesetzte Bemühung um die Sprache ist eine verpflichtende Voraussetzung jeder journalistischen Arbeit[1]) und damit auf die Dauer auch des beruflichen Erfolgs.

Stil ist die Summe der aus persönlichen Kräften einheitlich und zweckmäßig geregelten Ausdrucksmittel.

Wahrhaftige Sprache, das heißt aus innerstem erlebte, ehrliche und echte, zu bestimmtem Ziel hinstrebende Sprache kann nicht wie eine Schablone, wie irgendein technisches Mittel, ein Handwerkszeug gleichsam, angewandt werden. Sie muß erlebt sein. Dieses Erlebnis aber begleitet den publizistisch Sprechenden und Schreibenden auch in seiner Alltagsarbeit, in der er sich immer der hohen Bedeutung des Sprachgutes bewußt bleiben muß, das ihm anvertraut ist. „Wenn ihrs nicht fühlt, ihr werdets nicht erjagen" (Goethe).

b) Die Formen des journalistischen Ausdrucks

Aus der eben abgeleiteten Begriffsbestimmung ist, so nüchtern das klingt, für den *journalistischen Stil* zweifellos der Faktor *„Zweckmäßigkeit"* zunächst der wichtigste. Der rein künstlerische Stilausdruck kümmert sich wenig um die Zweckmäßigkeit, so wie er sich wenig um sein Publikum schert, das ihn zu Lebzeiten des Schreibers oft gar nicht ver-

[1]) Für die Schulung zur publizistischen Sprache wichtig und lehrreich: *Reiners*, Ludwig, „Deutsche Stilkunst", neue Aufl. München 1961; das weitaus beste Lehrbuch für alle publizistische Sprachschulung. Jeder, der mit der Sprache zu tun hat, sollte es durcharbeiten. Für das wissenschaftliche Studium: *Bühler*, Karl „Sprachtheorie", Jena 1934; *Kainz*, Friedrich „Psychologie der Sprache", Bd. 1, 2, 1941—43; *Werner*, Heinz „Grundfragen der Sprachphysiognomik", Leipzig 1932; aesthetisch sehr anregend; *Jünger*, Ernst „Geheimnisse der Sprache", Hamburg 1934 und Rivarole, Hamburg 1958, *Kraus*, Karl, Magie der Sprache, Auswahl der Werke, Kempten 1957.

steht. Umgekehrt steht es mit dem journalistischen Stil. Das Zweckgerichtete in ihm spielt die entscheidende Rolle. Dieses Zweckzugewandte, das übrigens jede Zeile der Zeitung bis weit in den Anzeigenteil hinein bestimmt, ist die *Lesewerbung*, der *Leseanreiz*. Man beachte: nicht Lesewerbung, d. h. etwa Gewinnung von Beziehern, sondern Lesewerbung, als Mittel, den Leser zu fassen, ihn zum Lesen anzureizen, ihn durch wirksame Sprache festzuhalten und ihn erst wieder loszulassen, wenn gesagt ist, was gesagt werden sollte. Das gilt sowohl für die Stilgebung der Nachricht wie für die des Leitartikels, aber auch für den Zeitungsroman, die Kurzgeschichte und selbst für die Anzeige. Der intensive Werbecharakter jeder Zeitungszeile, der ja auch in der graphischen Ausstattung des Seitenbildes auf uns zutritt, beherrscht alles.

Wer die Feder ansetzt, um für eine Zeitung zu schreiben, wird als erstes der Lesewerbung, dem Leseanreiz zu genügen haben.

Erst muß er *gelesen* werden, alles andere ergibt sich dann nachher. (Über die Anpassung kultureller Werte an das Verständnis des Lesers vgl. II, S. 56.) Jeder Stil, der dieser Forderung nicht genügt, ist für die Zeitung nutzlos, mag er auch sonst von hohem Wert sein. Diese Forderung steht keineswegs gegen einen guten deutschen Ausdruck, im Gegenteil. Man muß nur wissen, daß der gute deutsche Ausdruck allein nicht genügt. Es kommt ein erhebliches Mehr hinzu. Neben dem sprachlichen Ausdruck und über ihn hinweg wirkt die publizistische Absicht. Die daraus entspringenden sprachlichen Gefahren haben wir dargestellt (siehe oben, S. 116). Es gibt aber Formen der journalistischen Stoffdarbietung, die auch praktisch ihren eigenen Ausdruck tragen und alle durch die oberste Forderung der Lesewerbung weitgehend bestimmt werden. Wir unterscheiden: Nachrichtenstilform, Meinungsstilform, Unterhaltungsstilform.

1. Die Nachrichtenstilform

Die Sprache der Nachricht verlangt drei Eigenarten: Kürze, Klarheit, spannenden Aufbau. Die *Kürze* der Nachrichtenstilform wird durch sachliche aber starke Darstellung geschaffen. Man lasse die Kraft der Tatsachen wirken, wobei der einfachste Satzbau die höchste Wirkung tut. Niemals kann in der Sprache der Nachricht die Vielzahl der Worte irgendwie erfolgreich werden. Nicht ihre Zahl, ihre vorsichtige und treffende Wahl, ihre Verwendung aus richtigem Sehen und Erleben des Nachrichtenvorganges, das gibt anschauliche, lebendige Nachrichtentexte. Die Kürze wirkt dann besonders eindringlich, wenn die Sätze sowohl in ihrem inneren wie in ihrem äußeren Zusammenhang bewegt bleiben, innerlich verzahnt sind oder wuchtig nebeneinander stehen. Bewegung entsteht nie dadurch, daß plumpe und künstliche Hauptworte gebildet werden. Es ist immer das Verbum, das den Gang der Sprache beflügelt. Diese simple Grundschulerkenntnis ist auch grundgelehrten Leuten heute abhanden gekommen. Das Laster der „Substantivierungen" versteift jedes sprachliche Leben. Es ist, als solle im Substantivierten angstvoll festgehalten und verkrampft behauptet werden, was im Fluß der Dinge und der Sprache vielleicht verlorengehen könnte. In der Nachrichtenform ist dieser Niederschlag der Angst doppelt verfehlt. Hauptworte, namentlich solche auf „ung" und „keit" liegen wie Klötze im Wege. Verben, zumal in der Tatform, handeln, bewegen, treiben vorwärts (siehe S. 119). Oft findet man im Nachrichtenteil ein Schablonenwerk steifer Hauptworte, die immer und immer wiederkehren („Sprache der Abspannung", siehe oben S. 116).

Die *Klarheit* erwächst aus dem kurzen Satz. Der lange Satz ist in der Zeitung nirgends, am wenigsten in der Nachricht am Platze. Je mehr geschachtelt wird, um so unklarer wird der Ausdruck, auch dann, wenn grammatisch richtig geschachtelt ist und das Werk den Schachtelschreiber tief befriedigt. Das Unbehagen des Lesers ist um so größer. Gegen die Klarheit und Treffsicherheit der Nachrichtenform sündigen auch gewisse Redensarten, die für den sprachlich natürlich Fühlenden einfach albern sind, aber von den Zeitungsleuten geflissentlich angewandt werden. Meist geschieht das in der Absicht, immer konditional zu bleiben, sich ja nicht festzulegen und alle Hintertüren offen zu lassen. Solche Redewendungen sind: „Wir glauben zu wissen“, „Man geht wohl in der Annahme nicht fehl, daß“. Auch die Redensart von den Ereignissen, die eintreten „dürften“ („ ... der Außenminister dürfte nach Paris fahren ...“) gehören in dieses Kapitel. Solche stilistischen Stützen, die eine Unsicherheit, einen noch vorhandenen eigenen Zweifel an der Richtigkeit der Aussage merken lassen, sollten unterbleiben oder, wo Vorbehalte nötig sind, durch ein „aller Voraussicht nach“ oder „wahrscheinlich“, also durch die natürlichen Formen des Vorbehaltes, ersetzt werden.

Der *spannende Aufbau* hat auch die Klarheit zur Voraussetzung. Aber eine gewisse Verzögerung tritt hinzu. Es hängt alles davon ab, wohin der Höhepunkt, die zugespitzte Pointe, die Gipfelung, gerückt wird, die auch in einer Dreizeilennachricht an der richtigen oder an der falschen Stelle stehen kann.

Technisch zweckmäßig ist es immer, den Höhepunkt möglichst in der ersten Zeile zu geben. Das weniger Wichtige wird dann gradweise angefügt, so daß bei notwendigen Kürzungen, die im Umbruch immer wieder vorkommen und unvermeidbar sind, von unten her gekürzt werden kann. Im Stoffaufbau nimmt dann die Nachricht die Gestalt eines auf der Spitze stehenden Dreiecks an. Wo längerer Raum gegeben ist, kann der Höhepunkt auch in den Schluß der Nachricht gelegt werden. Sie nähert sich damit dem Aufbau der Erzählung. Die spannende Prägung der Nachricht haben die Amerikaner in einer Systematik zu einer Disziplin eigener Art entwickelt, die freilich Gefahr läuft zu erstarren. Sie kennen mindestens drei, untergliedert aber sogar achtzehn verschiedene Bauformen der Nachrichten. (Siehe unter S. 125.)

Neben der Spannung kann auch für die *Anschaulichkeit* in der Stilprägung viel geschehen. Anschaulichkeit ist in solchen gedrängten Formen Sache des Wortschatzes und seiner farbigen und bewegten Verwendung, vor allem aber

Sache des eigenen und echten Erlebnisses des Schreibenden und seiner Fähigkeit zu beobachten.

Die *vollständige Darstellung* des Tatbestandes ist im Grunde keine Stilfrage, sondern eine Frage der Tatsachenbeschaffung. Oft verführt die Suche nach Kürze und Sachwirkung dazu, wichtige Angaben unter den Tisch fallen zu lassen. Für die sachliche Vollständigkeit der Nachricht gilt jener bekannte Hexameter, nach dem die Kriminalisten sich die Fragen eines Untersuchungsverfahrens merken: quis, quid, ubi, quibus auxiliis, cur, quomodo, quando. Der Amerikaner spricht von einer vollständigen Nachricht, wenn sie die fünf großen W's beantwortet: what, where, who, when, why — was, wo, wer, wann, warum.

(Der englisch-amerikanische Grundsatz, die „facts" von jedem Kommentar zu trennen, hat einen eigenen Nachrichtenaufbau entwickelt. Die *„fact-story"*, die Tatsachenmeldung, baut vom Wichtigsten zum weniger Wichtigen übergehend eine Nachricht auf. Dieser Aufbau ermöglicht Kürzungen von unten her bei Raummangel im Umbruch. In jedem Abschnitt der formulierten Nachricht zeigt sich so die Struktur der nach unten auslaufenden Pyramide (Abb. 1). die *„action-story"* hält ein dramatisches Ereignis fest, wobei die Spannung nach unten in weniger wichtigen Angaben nachläßt. Es zeigt sich das Bild des umgekehrten Dreiecks, das in dem Beispiel in Abb. 2 sogar in den einzelnen Absätzen durchgeführt ist. Die *„quote-story"* gliedert den Nachrichtenaufbau nach Sachmitteilungen, denen sie aber in jedem Absatz mit deutenden Zitaten (quotations) die Erläuterungen beigibt (Abb. 3). Wir halten unsere Beispiele jeweils in ihrer amerikanischen Form, da sie für den amerikanischen Journalismus und seine schematische, aber eben dadurch auch erschöpfende Nachrichtentechnik typisch und schwer übersetzbar sind. Die Beispiele sind mit Erlaubnis des Verlages dem Buche von Carl N. Warren, Modern News Reporting, New York, 1934 entnommen, das in besonders anschaulicher Form die Praxis des amerikanischen Journalismus wiedergibt.) Siehe S. 125 ff.

Es ist eine Eigenart *totalitärer Journalistik*, unmittelbar in die Nachricht die politische Wertung einzubauen. Dabei werden Vokabeln schärfster moralischer Diffamierung gleich sachlichen Selbstverständlichkeiten gebraucht. („... das Parlament der Bonner Kriegstreiber trat zur Beratung des

Generalkriegsvertrages zusammen, der im Schutze des Monopolkapitalismus den Vorbereitungen des amerikanischen Angriffs auf den Frieden dient ...").

Demgegenüber ist die Trennung von Tatsachenbericht und Kommentar heute weitgehend Grundgesetz der demokratischen Nachrichtenarbeit, die von dem Grundsatz ausgeht, dem Leser zur Bildung des eigenen Urteils das Nachrichtenmaterial zu bieten und meinungsmäßige Wertung gesondert bereitzuhalten.

Über die Nachricht hinaus geht der *Bericht*. Er ist eine „linienhafte, kausalordnende, unterrichtende Mitteilung" (Traub). Sprachlich sind dafür neben klarer Sachlichkeit alle belebenden Elemente des Erzählens, freilich ohne alle Beigaben der Phantasie, erforderlich. Hier kann auch bereits frei und selbständig geurteilt werden. Wirksamer aber ist es, im Bericht eine so packende Kraft der Darstellung des Tatsächlichen zu geben, daß die Meinungswirkung im Leser mächtiger ausbricht, so als wäre er unmittelbar aufgerufen. Geht es dem Berichter nicht nur um die Wiedergabe des Zeitgeschehens, sondern darum, sein eigenes Erlebnis darin zu spiegeln, so entsteht der *Erlebnisbericht* (Reportage), eine eigene, besonders wirksame Form des Zeitungsberichtes (vgl. S. 25 f.).

2. *Die Meinungsstilform*

Die Meinungswerbung wird ausgeübt durch die Beweiskraft des Gedankens und der Tatsachen. Die Form übermittelt nur diese Beweiskraft. Erste Forderung auch für die formale Wirkung ist, daß man etwas zu sagen hat. Wenn man nichts zu sagen hat, plustert die Form sich um so stärker auf, und die inneren Hohlräume werden peinlich fühlbar. Der Leser kann sie zwar nicht immer nachweisen, spürt aber, daß sie da sind und wendet sich ab. Man glaube jedoch nicht, daß die Fülle dessen, was zu sagen ist, genüge. Nichts ist falscher und gefährlicher, als den Leitartikel als eine „Nachrichten-Gruppe", einfach als einen gesteigerten Bericht, eine „Gruppierung von Tatbestandsmitteilungen

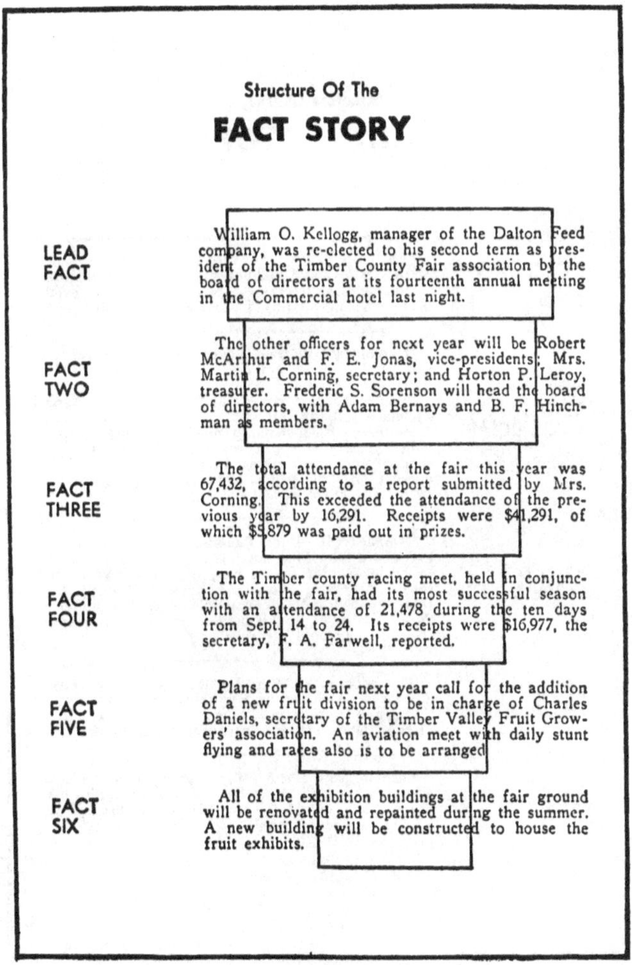

An Application of the Fact Diagram

Abb. 1

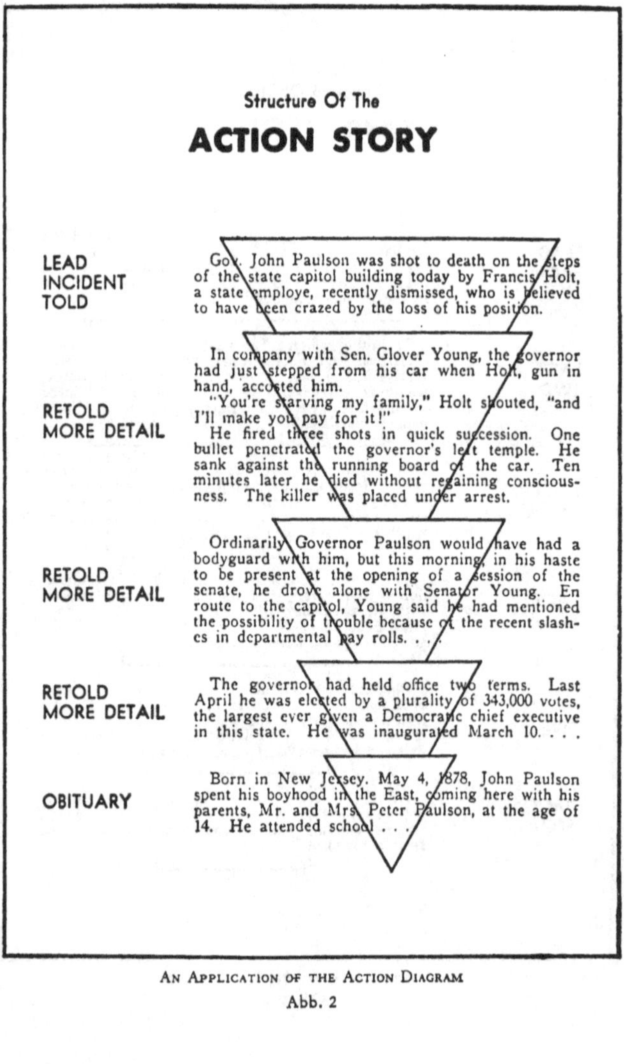

An Application of the Action Diagram

Abb. 2

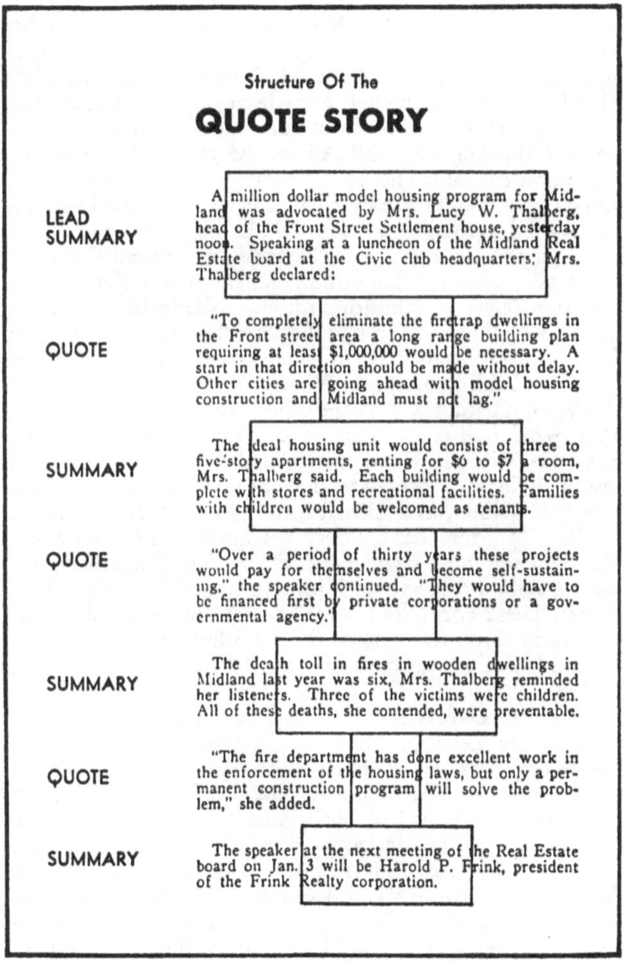

An Application of the Quote Diagram

Abb. 3

auf ein bestimmtes Ziel hin" (Kurth-Hollmann) zu bezeichnen. Gewiß muß eine Ordnung da sein, ein Überblick und die rechte, sichere Auswahl. Nur so kann eine klare Gliederung der Gedanken erwachsen, aber es müssen Gedanken, und es dürfen nicht nur Nachrichten sein. Maßgebend für Haltung und Ansatz ist zunächst immer das werbestärkste Moment, „der Lassowurf" um den Hals des Lesers, wie man es genannt hat. Dieses werbestärkste Moment muß gefunden werden. Nach ihm wird das übrige ausgerichtet. Es kann eine Tatsache, ein neuer Gedanke, kann aber auch eine menschliche, anekdotische Betrachtung sein und selbstverständlich auch eine Nachricht, aber nicht nur Nachrichten. Führende Leitartikler verdanken ihren Ruf der Unmittelbarkeit, mit der sie ansprechen, ihre Argumente bebildern, ihren Wortspielen Grazie und ihren Beweisen anekdotische Form geben. Der beste Leitartikler aber wird immer ein markantes Zeitereignis gleichzeitig zur lese- wie zur meinungswerbenden Wirkung kommen lassen. Die rein deutende und erläuternde Aufgabe ist, wenn sie gelingt, auch ein Absprung in die Stellungnahme, in das „Ja" oder das „Nein" des Leserurteils. Die allein klarstellende und darlegende Form des Leitartikels ist, wenn sie die Probleme wirklich ausschöpft, immer ein Verdienst. Diese Form des Leiters hat namentlich bei der politisch nicht fest ausgerichteten Presse Schule gemacht, zu der heute 146% der deutschen Zeitungen zählen (vgl. II, S. 88).

Der *Leitartikel* sollte kein Leit„aufsatz" sein und erst recht keine Leit„abhandlung". Eine Abhandlung gehört nicht in die Zeitung. Sie ist ein gewissenhaft geordneter Gedankentresor, die geeignete Aufbewahrungsform wissenschaftlicher Arbeitsergebnisse. Der Aufsatz bewegt sich schon schneller vorwärts, bleibt aber ausführlich schildernd ein ruhiger Strom, der alle seine Schiffe sicher ans Ziel führt und bereit ist, immer neue zu tragen. Ganz anders der Artikel. Den Aufsatz kann man episch nennen, der Artikel hat dramatischen Typ. Hier ist alles dem publizistischen Ziel untergeordnet. Was dazu dient, ist heraufgehoben, herausgestellt, unterstrichen. Nebenwege, Abschweifungen, erstickende Fülle von Mannigfaltigkeiten gibt es nicht oder nur insoweit, als sie sich in das Streben nach dem geistigen Ziel einordnen lassen und den Fluß der Handlung nicht aufhalten. Denn der Leitartikel denkt und erwägt nicht so sehr: er handelt. Er kann eine Tat sein! Besonders zu pflegen ist der Anfang. Er faßt den Leser an und läßt ihn dann bis an das Ende nicht mehr los. Gelingt es der Einleitung, diese Spannung herzustellen, dann braucht der Leitartikel den Leser keineswegs billig zum Schluß kommen zu lassen. Er kann, hat er ihn gefaßt und kann er ihn halten, Ausführliches sagen, so lange bis die Lesewerbung schwindet und die Aufmerksamkeit sinkt. Solange, aber nur so lange kann er kurze Umwege gehen und Material und Erlebnisse vermitteln und komplizierte Vorgänge so durchleuchten, daß man sagt: „Der Fachmann weiß es besser, aber der Leitartikler sagt es besser." Zu diesem Ziel, zu dieser engsten Verbindung von Lese- und Meinungswerbung, sind viele Stilformen brauchbar. Die Geschichte des Leitartikels kennt hochgestelzte Stilformen ebenso wie ein kleines, anekdotisches Mosaik, wildbewegte Temperamentsergüsse und zynisch hingesetzte Tatbestände, rhetorische Rhythmik und scheinbare Erzählerstimmung. Jede treffende Form hat ihre Wirkung getan zu ihrer Zeit und auf das Publikum, für das sie berechnet war. Darauf kommt es an. Der Leitartikel alter, großer und würdiger Haltung, der Leitartikel der Fortsetzungen und der Kapitelgliederung ist freilich zu Ende[1]). Der Leiter ist heute kurz, regsam, schlagend und nimmt seinen Stoff aus allen Lebensgebieten, um so wirksamer je mehr er die Unmittelbarkeit des Lebens und des Erlebens ausstrahlt.

In grober Gruppengliederung können wir unterscheiden: den kämpfenden Leitartikel, der angreift, fordert, hinreißt, Aktion ist und politische Tat sein kann; den stellungneh-

---

[1]) Die Reaktion der Leser auf die Leitartikel gemessen an der Zahl der Leserzuschriften, zeigt eine Erhebung, die eine große westdeutsche Zeitung aus der Analyse der Leserbriefe gemacht hat. Danach bringen Leitartikel bis zu 60 Zeilen Zuschriften aus allen Volkskreisen, Leitartikel über 120 Zeilen nur Zuschriften fachlich Interessierter. Zu Leitartikeln über 150 Zeilen schweigen die Leser.

menden und begründenden Leitartikel, der überzeugen möchte aus treffender Argumentation und zwingender Logik; den erläuternden und unterrichtenden Leitartikel, der eine Sache klarlegt, schwierige Zusammenhänge aufknotet und abwickelt; den rückschauenden Leitartikel, der sagt, was geworden ist und wie es wurde, mit der leichten oder scharf geäußerten Genugtuung, „es schon immer gesagt zu haben". Zu den schwersten, aber wenn sie gut geschrieben sind, wirksamsten Artikeln dieser Gruppe gehört der Nekrolog, falls der Mann, dem er gilt, verdient, an so hervorragender Stelle genannt zu werden; der vorschauende Leitartikel, der ohne Prophetie überzeugend sagt, was kommen wird; der betrachtende Leitartikel schließlich, der Gefahr läuft, in die Plauderei abzusinken, aber eben darum oft gern gelesen wird.

In jedem Fall müssen Stoff und Form des Leitartikels der Stelle wert sein, an der sie stehen, der repräsentativen Stelle der Zeitung, an der nun Wesentliches gesagt werden kann und die Zeitung als Ganzes sprechen sollte. Große, traditionsstarke Zeitungen brachten den täglichen, *nicht* gezeichneten Leitartikel: das Wort des Blattes. Der Brauch ist, wenn auch noch nicht überall, so doch weitgehend außer Kurs gekommen. Mit dem Namen oder dem beigegebenen Signet des Verfassers legitimiert die Persönlichkeit den Text, schwächt aber die Verantwortlichkeit des Gemeinschaftswerkes ab, das jede Zeitung darstellt und für die jeder echte Leitartikel zu sprechen berufen ist.

Der *Kurzartikel (Entrefilet)* ist ein gedrängter und daher meist auf Tatbestand und schlagende Gegenüberstellung zusammengezogener Leitartikel. Ursprünglich war „Entrefilet" der Raum „zwischen den Spalten", der in Zeiten mangelnden Stoffes freigeblieben war und in den irgend etwas Aktuelles hineingeschrieben wurde. Der Kurzartikel ist eine besonders beliebte journalistische Form, vor allem auch zur Polemik. Sein Klassiker war Hermann Wagener, der Begründer der Kreuzzeitung. Zur Gruppe der Kurzartikel gehören auch die kurzen Erst- und Einleitungsartikel bestimmter Sparten. Daher der Name „Spitze“ (z. B. im lokalen Teil), „Mütze“ usw.

Die *Glosse* ist die kürzeste und die schwerste journalistische Stilform. Glosse war vor Erfindung des Buchdruckes die knappe und schlagende Randbemerkung zu einer dunklen Stelle in einem mit der Hand abgeschriebenen Werk; meist in wenige Zeilen gedrängt, weil auf den schmalen Rand gebracht (Randglosse). Als journalistische Form ist sie um so wirksamer, je sicherer ihre epigrammatische Schlagkraft geformt ist und je mehr ihr — trotz leichter Eleganz der Form — schlagende Argumente aufgepackt werden. Mit äußerster Sprachkraft prägt sie ihre Gedankenblitze unfehlbar treffend. In der Mehrzahl aller Fälle wird sie angreifend sein. Sie kann aber ebenso auf knappstem Raum eine politische Erkenntnis aufleuchten, eine spannende Beobachtung herausarbeiten und ihre Bedeutung erkennen lassen. Eine Reihe von Zeitungen geben an Stelle von Leitartikeln mehrere kurze Glossen, durchkonstruierte Kapitelchen verschiedener Themen, gekappte Kurzartikel, meist drei bis vier nebeneinander. Oft stellen sie dieses Ragout („Gebt Ihr ein Stück, so gebt es gleich in Stücken“) unter eine zusammenfassende Bezeichnung, einen Sammeltitel. Die Vokabel „Auflockerung“ ist heute das meistgebrauchte Wort in den deutschen Redaktionen — auch gegenüber dem Leitartikel. Eine Art Glosse ist der Kurzartikel, den die amerikanische Presse in der „Today Column“ täglich veröffentlicht. Den Übergang zum Feuilleton stellen die kurzen, von bekannten Schriftstellern regelmäßig gegebenen pointierten Tagesbetrachtungen der französischen Presse dar, die ihr viele Leser zuführen („chroniqueurs“).

Die *Kritik*, als Wertung künstlerischer Leistungen (Theaterkritik, Musikkritik, Kunstkritik), ist eine publizistische Form des kulturellen Teiles der Zeitung. Selbst diese Stilform zeigt die zeitungsmäßige Zweckbestimmung. Wenn auch bekannte Fachleute sie schreiben, sie bleibt dennoch ein Mittelding zwischen Tatsachenbericht und fachlicher Betrachtung. Sie muß sich in unmittelbarer Verbindung mit dem Ereignis halten, das sie nicht nur rein künstlerisch, sondern auch nachrichtenmäßig darzustellen hat. Dabei steht sie unter dem Gesetz unbedingter Aktualität. Der Wille zum Leseanreiz ist deutlich und bei manchen Kritikern bis zur Manie gesteigert, die mehr dem eigenen Ich als dem Kunstwerk dient. Unerläßlich ist für jede Kritik die schöne, dem Kunstwerk kongeniale Form des sprachlichen Ausdruckes, aus sachlicher Urteilsfähigkeit und Begabung. Ohne diese Voraussetzungen hat keinerlei kritische Wertung in Zeitung oder Zeitschrift ein Anrecht, öffentlich gehört zu werden. Darüber ist noch zu berichten (vgl. II, S. 61).

3. *Die Unterhaltungsstilform*

Die unterhaltende Aufgabe der Zeitung schließt rein künstlerische Leistungen nicht nur nicht aus, sondern hat eigens zu ihnen hinzuführen. Der Ausgangspunkt, von dem sie zu diesem Ziele aufbricht, findet sich freilich nicht auf der Höhe letzter künstlerischer Qualität, die niemals oder nur unter ganz besonderer Deutung Massenleserschaft gewinnen wird. Aus der notwendig lesewerbenden Zweckbestimmung der Zeitung hat sie eine Reihe von Formen geschaffen, die auch stilistisch typisch zeitungsmäßig sind und — wie das Feuilleton und der Feuilletonismus (vgl. II, S. 82) — zwischen Literatur und Journalismus stehen. Es ist auch kein Zufall, daß Zeitungen so wenig Lyrik bringen, daß der Knittelvers aber, daß karikierende Verse, lustige oder polemische Zeitgedichte, immer beliebt geblieben sind. Ganz besonders in ihrer Form durch die Zeitung bestimmt sind die *Kurzgeschichte* und der *Zeitungsroman*, die sich der Zeitungsnatur so angepaßt haben, daß sie deutliche Spezialgebiete im Bereich der volkstümlich-literarischen Produktion geworden sind (vgl. II, S. 74). Einzelheiten über die Wirkung dieser nach journalistischen Aufgaben gegliederten Stilformen des unterhaltenden Teiles finden sich bei der Besprechung dieser Sparten (vgl. II, S. 54f.).

Die Natur der Zeitung und ihr politischer Einsatz führen dazu, daß auch die unterhaltenden Teile der Zeitung häufiger politisch und weltanschaulich dienstbar sind oder von dort her bestimmt werden. Sie stellen sich, streng methodisch beurteilt, dann als eine Art Meinungsstilform auf Umwegen dar, eine Mixtur, die schwierig ist und nicht immer gelingt.

c) Die Lern- und Lehrbarkeit des Stils

Die wirklich gute und treffende journalistische Stilform hängt mit der journalistischen Begabung zusammen und ist wie diese eine Voraussetzung, die nicht erlernt werden kann. Daher ist sie auch nicht lehrbar. Die vollendete journalistische Form kann auch durch Fleiß nicht erarbeitet werden, aber rechte Übung, Durchblick durch den Aufbau eines wirksamen Stils und klare Erkenntnis der Stilgesetze kann auch in dem formal weniger Geeigneten die Befähigung erwecken, das, was er an Wichtigem und Wirksamen zu sagen hat, auch wichtig und wirksam auszudrücken. Zumindest lassen sich alle *Stilfehler* vermeiden, besonders die, deren Ursache aus Tempo und Anpassungszwang der Zeitungssprache erwachsen (vgl. oben S. 116).

Die beste Stilschule ist immer das Beispiel. Man lese gute Schreiber. Aber zu Stilstudien nur solche, von denen der einzelne sagt: der *„liegt"* mir. Denn jeder, auch der stilistisch weniger gut ausgestattete, hat seinen Stiltyp, und bei einem fremden Stiltyp kann er nichts oder nur wenig lernen. Zweifellos ist dieser Typ auch physiologisch bedingt. Man ermittelt ihn schnell an dem Gefühl des Wohlbehagens, das beim Lesen eines Schriftstellers unseres Typs in uns aufkommt, an der Leichtigkeit, mit der Gedanken aufgenommen und Gedankenreihen fast vorweglaufend zu Ende gedacht werden. Vor allem erkennt man den eigenen Typ daran, daß er mit ganzen Sätzen und Ausdrucksreihen schnell und mühelos im Ohr und im Gedächtnis haftet. Dem sollte man nicht entgegenarbeiten. Es ist nur ein gutes Zeichen, wenn plötzlich eine markante Stelle, ein kurzer Abschnitt „auswendig" gesprochen und im Alleinsein und in den Stunden der Muße aus reiner Freude und mit innerem Behagen hergesagt wird. Dies ist der Anfang allen Gelingens im sprachlichen Ausdruck: *die Freude an der Sprache selbst.* Nur so teilt sich Rhythmus, Formbewegung und Wortschatz dem Lernenden mit und wird oft unbewußtes Vorbild, wenn es ans Schreiben geht. Auch begabte Stilisten, wie z. B. Benjamin Franklin, haben viel dadurch gelernt, daß sie Textstellen, die ihnen zusagten, abschrieben, sie immer wieder überlasen und dann an neuem Stoff nachzuformen suchten. Eine ausgezeichnete Stilschule ist das *Übersetzen.* Auf der Suche nach deutschen Stilformen, die dem ausländischen Original entsprechen und seinen Gehalt ganz wiedergeben, entdeckt man in der eigenen Sprache ganz neue Wortwerte und lernt die Geheimnisse ihres Lebens kennen. Vor allem lernt man, jene Dinge auszudrücken, die ohne sichtbare Zeichen zwischen den Zeilen stehen und für die auch in der deutschen Übertragung Raum gelassen werden muß. Wer gut schreiben will, der muß unausgesetzt und immer an seiner Sprache arbeiten. Auch der geniale Meister fällt nicht vom Himmel, und in der Laufbahn keines Schriftstellers sollte man die Wirkung unterschätzen, die solche zähe unablässige Arbeit auf die Vollendung seiner Sprache ausübt. Was der Leser schließlich leicht und mit Wohlgefallen aufnimmt, ist dem Schriftsteller erst nach jahrelanger mühsamer und nie ermattender Arbeit so leicht und lesbar aus der Feder geflossen.

Einige Disziplin in der Beobachtung des eigenen und des fremden Ausdruckes führt bald dazu, schon in der *Wahl der Worte*, dem ersten Element der Sprachbildung, Sorgfalt walten zu lassen, ohne darum Wortanalyse zu treiben. Man wird da eigenartige Werte entdecken, einen Wort„schatz“ im wörtlichen Sinne der Bedeutung. Jedes Wort ist ein Individuum und gleichsam ein lebendes Wesen mit Gesichtszug und Gestalt[1]). Man kann es hochheben und anschauen. Es ist schwer oder luftig, es hat in seiner Silbenbewegung Klang oder Kürze, es vermittelt ein Lautbild und damit einen Stimmungs- und Gefühlsinhalt. Es hat

1) vgl. Radecki, Sigismund v., Das Schwarze sind die Buchstaben, Köln 1957, Rede über die Presse.

auch eine Herkunft, und es ist gut, sie zu kennen. Das Wort ist jung oder alt, entstammt der Technik unserer Zeit oder dem Handwerk vergangener Jahrhunderte. Es ist frisch und unverbraucht oder verschlissen und abgegriffen. Dann gehört es nicht mehr in den Wortschatz. Es sollte beiseite gelegt werden wie ein alter Rock, es sei denn, daß es neubearbeitet und aufgefrischt wieder brauchbar wird. Ein Wort ist immer einzig. Ein Vielsinn ist meist nur scheinbar da. Hier gilt Lessings Wort: „Wahre Synonyme gibt es nicht." Man meide jedes Fremdwort, das durch einen guten deutschen Ausdruck ersetzbar ist. Dabei wird sich sehr oft zeigen, daß die deutsche Sprache für ein Fremdwort viele deutsche Ausdrücke bereithält, die farbiger und treffender sind, als der bei einer fremden Sprache entliehene Ausdruck es sein kann. Man hüte sich aber vor dem Reinigungsfanatismus, der oft in fatalem Übereifer zu falscher Übersetzung von Fremdwörtern oder zu künstlichen Neuschöpfungen führt. Auch darf die erfolgreiche Jagd nach Fremdwörtern nicht zu der Versuchung führen, auszuruhen, weil man das Seinige getan habe. Die eigentliche Arbeit an der Sprache fängt vielmehr dann überhaupt erst an.

Aus der Betrachtung des Wortes erwächst der *Aufbau des Satzes,* der knappsten selbständigen Einheit der Sprache. Hier muß auf Kürze, Leben und Rhythmus geachtet werden. Kürze erhält ein Satz dann, wenn man die Worte Sinnvoll wählt, statt sie nur mengenmäßig anzustauen. Man hüte sich vor allzu vielen Eigenschafts- und Beiwörtern. Sie „verwischen gleich einer Farbenklexerei die Ruhe des Bildes" (Lessing). Sie verwirren auch die Einheit der Tongebung. Eine Häufung von Eigenschaftswörtern ist nur in vollendeter Ruhe oder in äußerster Erregung erlaubt.

Die Nutzung des *Zeitwortes* entscheidet, ob der Satz lebt oder steifgefroren ist. Je mehr künstlich gepreßte Hauptwörter abgestochen werden im Kampfe gegen die häßliche Seuche der Substantivierungen, je mehr die Worte auf -ung und -keit in flinke, durch aktive Zeitworte zielstrebig vorwärts drängende Kleinsätze aufgelöst werden, um so mehr fließt der Stil, wird vom Strom gefaßt, und der Leser wird mitgerissen. Es wird also journalistisch die geforderte Leserwerbung ganz erreicht (siehe S. 120). Aber auch die Zeitwörter haben verschiedene Triebkraft. Soweit unsere Sprache, auch die Zeitungssprache, vom Amts- und Behördendeutsch und der oft bewußten Nüchternheit wissenschaftlicher Stilform beeinflußt wird, birgt sie seltsam tote Zustandswörter. Man beobachte, wie oft in Beschreibungen das Wort „es befindet sich" gebraucht wird, statt daß handelnde Zeitwörter benutzt werden. Ähnlich blaß wird das Wort „gehen" verwandt. Man geht aufwärts, statt zu steigen, man geht zurück, statt zu weichen, man geht vor, statt vorzudringen, man widersteht, statt sich entgegenzustemmen oder gar sich zu bäumen. Der in der Flut des Zeitgeschehens fortströmende volkstümliche Ausdruck, den die Zeitung nutzen muß, hat neben manch Banalem oft entzückend frische und lebendige Formen. Die großen Künder reinen Sprachgutes — gefeiert in den literarischen Seminaren und der sogenannten gebildeten Welt — stehen als Vorbilder über uns; aber im harten Dasein des Alltags und der publizistischen Verpflichtung vermitteln sie uns in der Zeitung nicht immer das, was hier nötig ist: die Fühlung von Mensch zu Mensch.

Was weiter die Übung der Sprache angeht, so ist der *Rhythmus des Satzes* für den formal Unbegabten am schwersten zu gewinnen. Der Rhythmus der Sprache aber ist das Schönste, die Probe auf Können und Haltung. In ihm gerade zeigt sich die persönliche Form des Schreibenden. Der Rhythmus ist immer dann von echter Schönheit, wenn er von innen heraus gefunden wird. These und Antithese sind es, die so viele bekannte Dichterworte unserem Gedächtnis einprägen. Die Sätze werden miteinander und gegeneinander geführt. Sie paaren sich und stoßen sich ab. Wie von einer Wellenbewegung gefaßt, werden sie zusammengerissen, zu einem Wellengipfel emporgehoben und ebben, sich überschlagend, wieder zur Fläche. Dergleichen wird nicht zu lernen sein, doch kann die normale Stilbegabung von Hemmungen befreit werden und grobe Rhythmenfehler vermeiden, deren Ursache z. B. falsche Satzbindungen sind. Der gefährlichste Feind des Rhythmus ist das *falsche Bild.* Hier ist grobe Entrüstung am Platze. Es wimmelt heute im sprachlichen Ausdruck, auch in der Zeitung, von falschen Bildern, die unvorstellbar, geschmacklos und widersinnig auch die stärkste Gedankenführung zerschlagen. Das beste Mittel gegen falsche Bilder ist die anschauliche Vorstellung. Man frage sich bei jedem Bild: ist das vorstellbar? Dieses und jenes Bild wird dann unsagbar lächerlich, man wird es weglassen und ein neues Gleichnis finden, das die Dinge trifft. Die falsche Nutzung der Bilder entstammt letztlich nur dem Grundübel jedes falschen Stils: *der inneren Unwahrhaftigkeit.* Man will mehr scheinen, als man sein kann und mehr sagen, als man herzugeben hat. Beides kann nie gelingen, verirrt sich in leerem Schöntun. Leider ist die innere Unwahrhaftigkeit der Sprache in der Zeitung ebenso häufig wie auch heute noch im öffentlichen Leben.

Wie auch immer der sprachliche Ausdruck in der Zeitung sich nach der Persönlichkeit, die schreibt, und dem Auftrag, der ihr gesetzt ist, gestaltet: journalistische Arbeit wie jede publizistische Aufgabe ist immer *zweckbestimmt,* ist niemals Dichtung. Der Journalist ist kein Dichter! Er muß darstellen, gewinnen, überzeugen. „Die Entsagung besteht darin, sich dem Rausch des Wortes zu verweigern und sich an die Sache zu halten. Auch der Straßenunfall beim Stadtwald will beschrieben sein"[1]). Wir ergänzen: aller Journalismus, alle Zeitungsarbeit hat das Ziel, das Zeitgeschehen zu sehen, zu erkennen, darzustellen und zu deuten. Sprache und Form sind dem untergeordnet.

Die praktische Anwendung der hier grundsätzlich erörterten Begriffe im deutschen Zeitungswesen wird der 2. Band bringen: Er beginnt mit der redaktionellen Arbeit.

---

1) Sieburg, F. „Schwarzweiße Magie", Tübingen o. J., S. 110. Der Verfasser ist einer der besten Stilisten in der deutschen Publizistik.

LITERATURVERZEICHNIS

I. Teil: Die Einheit des Zeitungsunternehmens

(Grundsätzliches, Allgemeines, Geschichte)

Agitation und Propaganda, das System der publizistischen Massenführung in der Sowjetzone, bearbeitet von Ernst Richert in Zusammenarbeit mit Carola Stern und Peter Dietrich, Band X der Schriftenreihe des Instituts für Politische Wissenschaft, Berlin 1958.

Arimond, Heinrich, Einführung in die Wissenschaft von der Publizistik. München 1935.

Die Ausbildung des journalistischen Nachwuchses, Hrsg. „Deutsche Studiengesellschaft für Publizistik", München und Berlin 1961.

Baschwitz, Kurt, Die Macht der öffentlichen Meinung. In: „Publizistik als Wissenschaft". Sieben Beiträge für Emil Dovifat, Emsdetten 1951.

Baschwitz, Kurt, Du und die Masse. Amsterdam 1938. 2. Auflage Leiden 1951.

Baschwitz, Kurt, Verstand und Unverstand in der Masse, Festgabe für Emil Dovifat, Bremen 1960.

Bauer, Wilhelm, Die öffentliche Meinung und ihre geschichtliche Grundlagen. Tübingen 1914.

Bauer, Wilhelm, Die öffentliche Meinung in der Weltgeschichte. Wildpark-Potsdam 1930.

Bömer, Karl, Internationale Bibliographie des Zeitungswesens. Hrsg. i. A. d. Instituts für Zeitungskunde. Berlin, Leipzig 1932.

Bücher, Karl, Gesammelte Aufsätze zur Zeitungskunde. Tübingen 1926.

Die Deutsche Presse 1961. Zeitungen und Zeitschriften. Hrsg. Institut für Publizistik an der Freien Universität Berlin. Berlin 1961.

Dovifat, Emil, Die Zeitungen, Gotha 1955.

Dovifat, Emil, der amerikanische Journalismus. Stuttgart 1927.

Dovifat, Emil, Publizistik. In: „Universitas Litterarum." Berlin 1955.

Dovifat, Emil, Pressefreiheit und Schutz der Ehre und Intimsphäre, Veröffentlichung der Universitätstage an der Freien Universität Berlin, 1959.

Dovifat, Emil, *Die persönlichen Voraussetzungen der journalistischen Arbeit.* In: Journalismus, Bd. II der Schriftenreihe des Deutschen Instituts für publizistische Bildungsarbeit, Düsseldorf 1961.

d'Ester, Karl, Schwarz auf Weiß. Ein Leben für die Jugend, die Wissenschaft und die Presse. München 1951.

Everth, Erich, Die Zeitung im Dienst der Öffentlichkeit. In: Archiv für Buchgewerbe und Gebrauchsgraphik, Heft 4, Leipzig 1928.

Everth, Erich, Die Öffentlichkeit in der Außenpolitik von Karl V. bis Napoleon. Jena 1931.

Fechter, Paul, Dichtung und Journalismus. Berlin 1924.

La Formation des Journalistes, hrsg. von der UNESCO, Paris 1956.

Friedländer, Ernst, Berliner geschriebene Zeitungen 1713—1717 und 1735. Berlin 1902.

Grabowsky, Adolf, Demokratie und Diktatur, Grundlagen politischer Erziehung. Zürich 1949.

Groth, Otto, Die Zeitung, Bd. 1—4 Mannheim 1928/30.

Groth, Otto, Periodik. Berlin 1960. Bisher 3. Bd.

Hagemann, Walter, Publizistik im Dritten Reich. Ein Beitrag zur Methodik der Massenführung. Hamburg 1948.

Handbuch der deutschsprachigen Presse außerhalb Deutschlands, Hrsg. K. O. Kurth, Würzburg 1956.

Handbuch der Auslandspresse, herausgegeben vom Institut für Publizistik an der Freien Universität Berlin. Berlin 1960.

Herrmann, E. M., Die Presse der Sowjetischen Besatzungszone, in: Die Deutsche Presse 1961, Berlin 1961.

Heuss, Theodor, Das Bildungsproblem des Journalisten. Bericht der deutschen Hochschule für Politik, Bd. III, Heft 1, S. 1 ff. Beiblatt der Zeitschrift für Politik, Bd. 15. 1925.

Heuss, Theodor, Die Presse. In: Handbuch der Staats- und Wirtschaftskunde. Hrsg. Karl Bräuer. Bd. II, Heft 1, S. 48 ff. Leipzig, Berlin 1924.

Jaenecke, Walter, Pressefreiheit und Privateigentum. In: ZV u. ZV Nr. 24 1960.

Just, A. W., Die Presse der Sowjetunion. Berlin 1931.

Kirchner, J., Redaktion und Publikum, Gestaltung der Massenzeitschrift im 19. Jhd., in: Festgabe für Emil Dovifat. Bremen 1960.

Krumbach, Joseph H., Grundfragen der Publizistik. Berlin 1935.

Küpers, Wörterbuch der Umgangssprache.

Le Bon, Gustav, Psychologie der Massen. Paris 1894, deutsch: Berlin 1950.

Löffler, M., Persönlichkeitsschutz und Meinungsfreiheit, München 1959.

Mansfield, E., The complete journalist. London 1948.

März, Josef, Die moderne Zeitung, ihre Einrichtung und Betriebsweise. München 1951.

Münster, H. A., Die moderne Presse, Bd. I Bundesrepublik, 1955, Bd. II Ausland, 1956.

Nobel, Alphons, Wir Journalisten. Ein Ratgeber für Redakteure und die es werden wollen. Essen 1955.

Posse, Ernst, Über Wesen und Aufgabe der Presse. Tübingen 1917.

Die Presse, Kollektiver Organisator der sozialistischen Umgestaltung. 3. Pressekonferenz des ZK der SED am 18. 4. 1959 in Leipzig. Berlin 1959.

Presse in Fesseln, Eine Schilderung des NS-Pressetrusts; Gemeinschaftsarbeit des Verlages Archiv und Kartei. Berlin 1947.

Reiwald, Paul, Vom Geist der Massen. Zürich 1948.

Riesmann, Die einsame Masse. Berlin 1956.

Salomon, Ludwig, Geschichte des deutschen Zeitungswesens von den ersten Anfängen bis zur Wiederaufrichtung des Reiches. Bd. 1—3. Oldenburg u. Leipzig 1900—1906.

Schmidt-Leonhardt, H., Das Schriftleitergesetz vom 4. Okt. 1933. Berlin 1934. (Grundgesetz des NS-Presseregimes.)

Selbstkontrolle von Presse und Film. Hrsg. i. A. d. Studiengesellschaft für Publizistik durch D. M. Löffler, Berlin und München 1960.

Springer, Axel, Presse und Fernsehen, Vortrag, in ZV u. ZV Nr. 20/1961.

Standortkatalog wichtiger Zeitungsbestände in deutschen Bibliotheken. Hrsg. vom Deutschen Institut für Zeitungskunde, bearb. von Hans Traub. Leipzig 1933.

Steinhausen, Georg, Geschichte des deutschen Briefes. Zur Kulturgeschichte des deutschen Volkes. T. 1 Berlin 1889. T. 2 Berlin 1891.

Storz, Werner, Die Anfänge der Zeitungskunde. Die deutsche Literatur des 17. und 18. Jahrhunderts über die gedruckten periodischen Zeitungen. Halle 1931.

Traub, Hans, Grundbegriffe des Zeitungswesens. Stuttgart 1933.

Wassem, Erich, Presse, Reklame, Rundfunk, Fernsehen pädagogisch gesehen. München—Basel 1959.

Aus dem Wörterbuch des Unmenschen, hrsg. von Sternberger, Storz, Süskind, Hamburg 1957.

II. Teil: Das Nachrichtenwesen

Badewitz, Hans, Die Platow-Amnestie. In: „Zeitungs-Verlag", Jg. 50, 1953, Nr. 12, S. 380.

Besserer, Max Freiherr von, Das deutsche Presse-Nachrichtenwesen nach 1945. In: ZV u. ZV, Sonderausgabe: 60 Jahre Verein deutscher Zeitungsverleger. Wiesbaden 1954, S. 319.

Eidmann, H., Das Mitteilungsvermögen der Ameisen. In: „Die Naturwissenschaften", Jg. 13, Heft 7.

Frisch, K. v., Aus dem Leben der Bienen, Heidelberg 1959.

Glas, Peter, Das Bild als Nachricht. In: Photomagazin Nov. 1954, S. 46 ff.

Greber, Emil, Public Relations. Die Politik der Unternehmung zur Pflege der öffentlichen Meinung. Bern 1952.

Günther, Karl A. F., Der Fall Platow und die deutsche Presse. In: „Der Journalist", Jg. 3, 1953, Heft 11, S. 4.

Hofstätter, Psychologie, Hamburg und Frankfurt 1959.

Human Relations im Wirtschaftsleben von heute. Bad Nauheim 1952.

Hundhausen, Carl, Werbung um öffentliches Vertrauen, Public relations, Bd. 1. Essen 1951.

Jahn, Hans Edgar, Vertrauen, Verantwortung, Mitarbeit. Eine Studie über public-relations-Arbeit in Deutschland. Oberlahnstein 1953.

Koerber, W., Die Methodik der „fausses nouvelles". Z. W. 1930, S. 25.

Löckenhoff, H., Public Relations, Diss. Berlin 1958.

Martin, Ludw. A. C., Das Pressephoto ist kein Dokument mehr. Zschr.: Publizistik 4. Jahrg., 3. Heft.

Mayer, Norbert, Die Agenzia Stefani. Z. W. 1939, S. 718 ff.

News Agencies, their structure and operations. Paris, UNESCO, 1953. (Grundlegende, sehr materialstarke Arbeit.)

Der Fall Platow. In: „Das Parlament", 1953, Nr. 26.
Riepl, Wolfgang, Das Nachrichtenwesen des Altertums. Leipzig 1913.
Rings, Joachim, Amerikanische Nachrichten-Agenturen, Reihe: „Zeitung und Zeit", A. Berlin, Diss. 1936. Frankfurt 1937.
Rudolf, H. J., Attention und Interest, New York, 1947.
Schöne, Walter, Das Gerücht. Leipzig 1936.
Schwedler, Wilhelm, Das Nachrichtenwesen. Gotha 1925.
Storey, Graham, Stärker als Waffen — 100 Jahre Reuters. München 1952.
Stiewe, Willy, Das Bild als Nachricht. Berlin 1933.
Wagner, Erich, Der DIMITAG, Bestimmung und Erreichtes. In: ZV u. ZV Sonderausgabe: 60 Jahre Verein Deutscher Zeitungsverleger". Wiesbaden 1954, S. 324.
Wassum, Annemarie, Untersuchungen über den Begriff der Aktualität. Heidelberg, phil. Diss. von 1943.
„Zeitungswissenschaft", 1934, Nr. 7, Sonderh. über das Nachrichtenwesen.

III. Teil: Sprache, Form, Meinungsbildung

Bühler, Karl, Sprachtheorie, Die Darstellungsfunktion der Sprache. Jena 1934.
Christiansen, Broder, Die Kunst des Schreibens, 9. Aufl. Buchenbach 1933.
Closterhalfen, Annemarie, Das Bild in der publizistischen Sprache. Berlin, phil. diss. von 1942.
Cudlipp, Hugh, Publish and be damned, London 1955, deutsche Ausgabe: Sensationen für Millionen, München 1955.
Dahrendorf, Rolf, Industrie- und Betriebssoziologie, Berlin 1956.
Dovifat, Emil, Der Artikel, H. d. Z. Bd. I, Sp. 251—270.
Ebing, H. A., Die deutsche Kurzgeschichte, Bochum 1936.
Gross, Herbert, Moderne Meinungspflege. Düsseldorf 1951.
Jünger, Ernst, Geheimnisse der Sprache, Hamburg 1934.
Jünger, Ernst, Rivarole, Hamburg 1958.
Kainz, Friedrich, Psychologie der Sprache, Bd. 1, 2, 1941/43.
Kiener, Franz, Die Zeitungssprache. Eine Deutung ihrer psychologischen Grundlagen. München, phil. Diss. von 1938. Würzburg 1938.
Kraus, Karl, Magie der Sprache, Kempten 1957.
Lenz, Friedrich, Werden und Wesen der öffentlichen Meinung, München 1956.

Mac Dougall, William, The group mind. A sketch of the principles of collective psychology with some attempt to apply them to the interpretation of national life and charakter. Cambridge 1921.

Pawek, Karl, Totale Photographie, Die Optik des neuen Realismus, Olten-Freiburg i. Br. 1960.

Radecki, Sigismund v., Das schwarze sind die Buchstaben, Rede über die Presse, Köln 1957.

Reiners, Ludwig, Deutsche Stilkunde, neue Ausgabe München 1961.

Schopenhauer, Arthur, Parerga und Paralipomena über Schriftstellerei und Stil. Leipzig 1870.

Sieburg, Friedrich, Schwarz-weiße Magie. Über die Freiheit der Presse. Tübingen o. J.

Tönnies, Ferdinand, Kritik der öffentlichen Meinung. Berlin 1922.

Werner, Heinz, Grundfragen der Sprachphysiognomik. Leipzig 1932.

REGISTER

Das Register erfaßt beide Bände. Die arabischen Ziffern verweisen auf die Seitenzahlen, die ihnen vorgesetzten römischen Ziffern auf den Band. Zur besseren Übersicht wurden Zeitungs- und Zeitschriftentitel sowie Agenturen kursiv gedruckt.

GESAMTVERZEICHNIS

der

SAMMLUNG GÖSCHEN

Jeder Band DM 3,60 · Doppelband DM 5,80

Stand Sommer 1961

WALTER DE GRUYTER & CO., BERLIN W 30

Inhaltsübersicht

Geisteswissenschaften

Philosophie

Einführung in die Philosophie von *H. Leisegang †*. 4. Auflage. 145 Seiten. 1960. (281)

Hauptprobleme der Philosophie von *G. Simmel †*. 7., unveränderte Auflage. 177 Seiten. 1950. (500)

Geschichte der Philosophie

I: Die griechische Philosophie von *W. Capelle*. 1. Teil. Von Thales bis Leukippos. 2., erweiterte Auflage. 135 Seiten. 1953. (857)

II: Die griechische Philosophie von *W. Capelle*. 2. Teil. Von der Sophistik bis zum Tode Platons. 2., stark erweiterte Auflage. 144 Seiten. 1953. (858)

III: Die griechische Philosophie von *W. Capelle*. 3. Teil. Vom Tode Platons bis zur Alten Stoa. 2., stark erweiterte Auflage. 132 Seiten. 1954. (859)

IV: Die griechische Philosophie von *W. Capelle*. 4. Teil. Von der Alten Stoa bis zum Eklektizismus im 1. Jh. v. Chr. 2., stark erweiterte Auflage. 132 Seiten. 1954. (863)

V: Die Philosophie des Mittelalters von *J. Koch*. In Vorbereitung. (826)

VI: Von der Renaissance bis Kant von *K. Schilling*. 234 Seiten. 1954. (394/394a)

VII: Immanuel Kant von *G. Lehmann*. In Vorbereitung. (536)

VIII: Die Philosophie des 19. Jahrhunderts von *G. Lehmann*. 1. Teil. 151 Seiten. 1953. (571)

IX: Die Philosophie des 19. Jahrhunderts von *G. Lehmann*. 2. Teil. 168 Seiten. 1953. (709)

X: Die Philosophie im ersten Drittel des 20. Jahrhunderts 1. Teil von *G. Lehmann*. 128 Seiten. 1957. (845)

XI: Die Philosophie im ersten Drittel des 20. Jahrhunderts 2. Teil von *G. Lehmann*. 114 Seiten. 1960. (850)

Die geistige Situation der Zeit (1931) von *K. Jaspers*. 5., unveränderter Abdruck der im Sommer 1932 bearbeiteten 5. Auflage. 211 Seiten. 1960. (1000)

Erkenntnistheorie von *G. Kropp*.
I. Teil: Allgemeine Grundlegung. 143 Seiten. 1950. (807)

Formale Logik von *P. Lorenzen*. 165 Seiten. 1958. (1176/1176a)

Philosophisches Wörterbuch von *M. Apel †*. 5., völlig neubearbeitete Auflage von *P. Ludz*. 315 Seiten. 1958. (1031/1031a)

Philosophische Anthropologie. Menschliche Selbstdeutung in Geschichte und Gegenwart von *M. Landmann*. 266 Seiten. 1955. (156/156a)

Pädagogik, Psychologie, Soziologie

Geschichte der Pädagogik von *Herm. Weimer*. 14., neubearbeitete und vermehrte Auflage von *Heinz Weimer*. 181 Seiten. 1960. (145)

Therapeutische Psychologie. Ihr Weg durch die Psychoanalyse von *W. M. Kranefeldt*. Mit einer Einführung von *C. G. Jung*. 3. Auflage. 152 Seiten. 1956. (1034)

Allgemeine Psychologie von *Th. Erismann*. 3 Bände. 2., neubearbeitete Auflage.
I: Grundprobleme. 146 Seiten. 1958. (831)
II: Grundarten des physischen Geschehens. 248 Seiten. 1959. (832/832a)
III: Psychologie der Persönlichkeit. 22 Abbildungen. In Vorbereitung. (833/833a)

Soziologie. Geschichte und Hauptprobleme von *L. von Wiese*. 6. Auflage. 175 Seiten. 1960. (101)

Sozialpsychologie von *P. R. Hofstätter*. 181 Seiten, 15 Abbildungen, 22 Tabellen. 1956. (104/104a)

Psychologie des Berufs- und Wirtschaftslebens von *W. Moede †*. 190 Seiten, 48 Abbildungen. 1958. (851/851a)

Industrie- und Betriebssoziologie von *R. Dahrendorf*. 2. Auflage. 120 Seiten. In Vorbereitung. (103)

Religion

Jesus von *M. Dibelius †*. 3. Auflage, mit einem Nachtrag von *W. G. Kümmel*. 140 Seiten. 1960. (1130)

Paulus von *M. Dibelius †*. Nach dem Tode des Verfassers herausgegeben und zu Ende geführt von *W. G. Kümmel*. 2., durchgesehene Auflage. 155 Seiten. 1956. (1160)

Luther von *F. Lau*. 151 Seiten. 1959. (1187)

Melanchthon von *R. Stupperich*. 139 Seiten. 1960. (1190)

Einführung in die Konfessionskunde der orthodoxen Kirchen von *K. Onasch*. 1961. In Vorbereitung. (1197/1197a)

Geschichte des christlichen Gottesdienstes von *W. Nagel*. 1961. In Vorbereitung. (1202)

Geschichte Israels. Von den Anfängen bis zur Zerstörung des Tempels (70 n. Chr.) von *E. L. Ehrlich*. 158 Seiten, 1 Tafel. 1958. (231/231a)

Römische Religionsgeschichte von *F. Altheim*. 2 Bände. 2., umgearbeitete Auflage.
I: Grundlagen und Grundbegriffe. 116 Seiten. 1956. (1035)
II: Der geschichtliche Ablauf. 164 Seiten. 1956. (1052)

Musik

Musikästhetik von *H. J. Moser*. 180 Seiten. Mit zahlreichen Notenbeispielen. 1953. (344)

Systematische Modulation von *R. Hernried*. 2. Auflage. 136 Seiten. Mit zahlreichen Notenbeispielen. 1950. (1094)

Der polyphone Satz von *E. Pepping*. 2 Bände.
I: Der cantus-firmus-Satz. 2. Auflage. 223 Seiten. Mit zahlreichen Notenbeispielen. 1950. (1148)
II: Übungen im doppelten Kontrapunkt und im Kanon. 137 Seiten. Mit zahlreichen Notenbeispielen. 1957. (1164/1164a)

Allgemeine Musiklehre von *H. J. Moser*. 2., durchgesehene Auflage. 155 Seiten. Mit zahlreichen Notenbeispielen. 1955. (220/220a)

Harmonielehre von *H. J. Moser*. 2 Bände.
I: 109 Seiten. Mit 120 Notenbeispielen. 1954. (809)

Die Musik des 19. Jahrhunderts von *W. Oehlmann*. 180 Seiten. 1953. (170)

Die Musik des 20. Jahrhunderts von *W. Oehlmann*. 312 Seiten. 1961. (171/171a)

Technik der deutschen Gesangskunst von *H. J. Moser*. 3., durchgesehene und verbesserte Auflage. 144 Seiten, 5 Figuren sowie Tabellen und Notenbeispiele. 1954. (576/576a)

Die Kunst des Dirigierens von *H. W. von Waltershausen* †. 2., vermehrte Auflage. 138 Seiten. Mit 19 Notenbeispielen. 1954. (1147)

Die Technik des Klavierspiels aus dem Geiste des musikalischen Kunstwerkes von *K. Schubert* †. 3. Auflage. 110 Seiten. Mit Notenbeispielen. 1954. (1045)

Kunst

Stilkunde von *H. Weigert*. 2 Bände. 3., durchgesehene und ergänzte Auflage.
I: Vorzeit, Antike, Mittelalter. 136 Seiten, 94 Abbildungen. 1958. (80)
II: Spätmittelalter und Neuzeit. 150 Seiten, 88 Abbildungen. 1958. (781)

Archäologie von *A. Rumpf*. 2 Bände.
I: Einleitung, historischer Überblick. 143 Seiten, 6 Abbildungen, 12 Tafeln. 1953. (538)
II: Die Archäologensprache. Die antiken Reproduktionen. 136 Seiten, 7 Abbildungen, 12 Tafeln. 1956. (539)

Geschichte

Einführung in die Geschichtswissenschaft von *P. Kirn*. 3., durchgesehene Auflage. 128 Seiten. 1959. (270)

Zeitrechnung der römischen Kaiserzeit, des Mittelalters und der Neuzeit für die Jahre 1—2000 n. Chr. von *H. Lietzmann* †. 3. Auflage, durchgesehen von *K. Aland*. 130 Seiten. 1956. (1085)

Kultur der Urzeit von *F. Behn*. 3 Bände. 4. Auflage der Kultur der Urzeit Bd. 1—3 von *M. Hoernes*.
I: Die vormetallischen Kulturen. (Die Steinzeiten Europas. Gleichartige Kulturen in anderen Erdteilen.) 172 Seiten, 48 Abbildungen. 1950. (564)
II: Die älteren Metallkulturen. (Der Beginn der Metallbenutzung. Kupfer- und Bronzezeit in Europa, im Orient und in Amerika.) 160 Seiten, 67 Abbildungen. 1950. (565)
III: Die jüngeren Metallkulturen. (Das Eisen als Kulturmetall, Hallstatt-Latène-Kultur in Europa. Das erste Auftreten des Eisens in den anderen Weltteilen.) 149 Seiten, 60 Abbildungen. 1950. (566)

Vorgeschichte Europas von *F. Behn*. Völlig neue Bearbeitung der 7. Auflage der „Urgeschichte der Menschheit" von *M. Hoernes*. 125 Seiten, 47 Abbildungen. 1949. (42)

Der Eintritt der Germanen in die Geschichte von *J. Haller* †. 3. Auflage, durchgesehen von *H. Dannenbauer*. 120 Seiten, 6 Kartenskizzen. 1957. (1117)

Von den Karolingern zu den Staufern. Die altdeutsche Kaiserzeit (900—1250) von *J. Haller* †. 4., durchgesehene Auflage von *H. Dannenbauer*. 142 Seiten, 4 Karten. 1958. (1065)

Von den Staufern zu den Habsburgern. Auflösung des Reichs und Emporkommen der Landesstaaten (1250—1519) von *J. Haller* †. 2., durchgesehene Auflage von *H. Dannenbauer*. 118 Seiten, 6 Kartenskizzen. 1960. (1077)

Deutsche Geschichte im Zeitalter der Reformation, der Gegenreformation und des dreißigjährigen Krieges von *F. Hartung*. 129 Seiten. 1951. (1105)

Deutsche Geschichte von 1648—1740. Politischer und geistiger Wiederaufbau von *W. Treue*. 120 Seiten. 1956. (35)

Deutsche Geschichte von 1713—1806. Von der Schaffung des europäischen Gleichgewichts bis zu Napoleons Herrschaft von *W. Treue*. 168 Seiten. 1957. (39)

Deutsche Geschichte von 1806—1890. Vom Ende des alten bis zur Höhe des neuen Reiches von *W. Treue*. 128 Seiten. 1961. (893)

Deutsche Geschichte von 1890 bis zur Gegenwart von *W. Treue*. In Vorbereitung. (894)

Quellenkunde der Deutschen Geschichte im Mittelalter (bis zur Mitte des 15. Jahrhunderts) von *K. Jacob †*. 3 Bände.
I: Einleitung. Allgemeiner Teil. Die Zeit der Karolinger. 6. Auflage, bearbeitet von *H. Hohenleutner*. 127 Seiten. 1959. (279)
II: Die Kaiserzeit (911—1250). 5., neubearbeitete Auflage von *H. Hohenleutner*. 127 Seiten. 1961. (280)
III: Das Spätmittelalter (vom Interregnum bis 1500). Herausgegeben von *F. Weden*. 152 Seiten. 1952. (284)

Geschichte Englands von *H. Preller*. 2 Bände.
I: bis 1815. 3., stark umgearbeitete Auflage. 135 Seiten, 7 Stammtafeln, 2 Karten. 1952. (375)
II: Von 1815 bis 1910. 2., völlig umgearbeitete Auflage. 118 Seiten, 1 Stammtafel, 7 Karten. 1954. (1088)

Römische Geschichte von *F. Altheim*. 4 Bände. 2., verbesserte Auflage.
I: Bis zur Schlacht bei Pydna (168 v. Chr.). 124 Seiten. 1956. (19)
II: Bis zur Schlacht bei Actium (31 v. Chr.). 129 Seiten. 1956. (677)
III: Bis zur Schlacht an der Milvischen Brücke (312 n. Chr.). 148 Seiten. 1958. (679)
IV: Bis zur Schlacht am Yarmuk (636 n. Chr.). In Vorbereitung. (684)

Geschichte der Vereinigten Staaten von Amerika von *O. Graf zu Stolberg-Wernigerode*. 192 Seiten, 10 Karten. 1956. (1051/1051 a)

Deutsche Sprache und Literatur

Geschichte der Deutschen Sprache von *H. Sperber*. 3. Auflage, besorgt von *W. Fleischhauer*. 128 Seiten. 1958. (915)

Deutsches Rechtschreibungswörterbuch von *M. Gottschald †*. 2., verbesserte Auflage. 219 Seiten. 1953. (200/200 a)

Deutsche Wortkunde. Kulturgeschichte des deutschen Wortschatzes von *A. Schirmer*. 4. Auflage von *W. Mitzka*. 123 Seiten. 1960. (929)

Deutsche Sprachlehre von *W. Hofstaetter*. 10. Auflage. Völlige Umarbeitung der 8. Auflage. 150 Seiten. 1960. (20)

Stimmkunde für Beruf, Kunst und Heilzwecke von *H. Biehle*. 111 Seiten. 1955. (60)

Redetechnik. Einführung in die Rhetorik von *H. Biehle*. 2., erweiterte Auflage. 151 Seiten. 1961. (61)

Sprechen und Sprachpflege (Die Kunst des Sprechens) von *H. Feist*. 2., verbesserte Auflage. 99 Seiten, 25 Abbildungen. 1952. (1122)

Deutsches Dichten und Denken von der germanischen bis zur staufischen Zeit von *H. Naumann †*. (Deutsche Literaturgeschichte vom 5.—13. Jahrhundert.) 2., verbesserte Auflage. 166 Seiten. 1952. (1121)

Deutsches Dichten und Denken vom Mittelalter zur Neuzeit von *G. Müller* (1270 bis 1700). 2., durchgesehene Auflage. 159 Seiten. 1949. (1086)

Deutsches Dichten und Denken von der Aufklärung bis zum Realismus (Deutsche Literaturgeschichte von 1700—1890) von *K. Viëtor †*. 3., durchgesehene Auflage. 159 Seiten. 1958. (1096)

Der Nibelunge Nôt in Auswahl mit kurzem Wörterbuch von *K. Langosch.* 10., durchgesehene Auflage. 164 Seiten. 1956. (1)

Kudrun und Dietrich-Epen in Auswahl mit Wörterbuch von *O. L. Jiriczek.* 6. Auflage, bearbeitet von *R. Wisniewski.* 173 Seiten. 1957. (10)

Wolfram von Eschenbach. Parzival. Eine Auswahl mit Anmerkungen und Wörterbuch von *H. Jantzen.* 2. Auflage, bearbeitet von *H. Kolb.* 128 Seiten. 1957. (921)

Hartmann von Aue. Der arme Heinrich nebst einer Auswahl aus der „Klage", dem „Gregorius" und den Liedern (mit einem Wörterverzeichnis) herausgegeben von *F. Maurer.* 96 Seiten. 1958. (18)

Gottfried von Strassburg in Auswahl herausgegeben von *F. Maurer.* 142 Seiten. 1959. (22)

Die deutschen Personennamen von *M. Gottschald †.* 2., verbesserte Auflage. 151 Seiten. 1955. (422)

Althochdeutsches Elementarbuch. Grammatik und Texte. 3. Auflage von *W. Betz.* In Vorbereitung. (1111)

Mittelhochdeutsche Grammatik von *H. de Boor* und *R. Wisniewski.* 2., verbesserte und ergänzte Auflage. 142 Seiten. 1960. (1108)

Indogermanisch, Germanisch

Indogermanische Sprachwissenschaft von *H. Krahe.* 2 Bände. 3., neubearbeitete Auflage.

I: Einleitung und Lautlehre. 106 Seiten. 1958. (59)

II: Formenlehre. 124 Seiten. 1959. (64)

Gotisches Elementarbuch. Grammatik, Texte mit Übersetzung und Erläuterungen. Mit einer Einleitung von *H. Hempel.* 3. Auflage. 1961. In Vorbereitung. (79/79a)

Germanische Sprachwissenschaft von *H. Krahe.* 2 Bände. 4., überarbeitete Auflage.

I: Einleitung und Lautlehre. 147 Seiten. 1960. (238)

II: Formenlehre. 149 Seiten. 1961. (780)

Altnordisches Elementarbuch. Schrift, Sprache, Texte mit Übersetzung und Wörterbuch von *F. Ranke.* 2., durchgesehene Auflage. 146 Seiten. 1949. (1115)

Englisch, Romanisch

Altenglisches Elementarbuch von *M. Lehnert.* Einführung, Grammatik, Texte mit Übersetzung und Wörterbuch. 4., verbesserte Auflage. 178 Seiten. 1959. (1125)

Historische neuenglische Laut- und Formenlehre von *E. Ekwall.* 3., durchgesehene Auflage. 150 Seiten. 1956. (735)

Englische Phonetik von *H. Mutschmann †.* 117 Seiten. 1956. (601)

Englische Literaturgeschichte von *F. Schubel.* 4 Bände.

I: Die alt- und mittelenglische Periode. 163 Seiten. 1954. (1114)

II: Von der Renaissance bis zur Aufklärung. 160 Seiten. 1956. (1116)

III: Romantik und Viktorianismus. 160 Seiten. 1960. (1124)

Beowulf von *M. Lehnert.* Eine Auswahl mit Einführung, teilweiser Übersetzung, Anmerkungen und etymologischem Wörterbuch. 3., verbesserte Auflage. 135 Seiten. 1959. (1135)

Shakespeare von *P. Meißner* †. 2. Auflage, neubearbeitet von *M. Lehnert*. 136 Seiten. 1954. (1142)
Italienische Literaturgeschichte von *K. Voßler* †. 5. Auflage, neubearbeitet von *A. Noyer-Weidner*. In Vorbereitung. (125)
Romanische Sprachwissenschaft von *H. Lausberg*. 4 Bände.
I: Einleitung und Vokalismus. 160 Seiten. 1956. (128/128a)
II: Konsonantismus. 95 Seiten. 1956. (250)
III: Formenlehre. In Vorbereitung. (1199)
IV: Wortlehre. In Vorbereitung. (1200)

Griechisch, Lateinisch

Griechische Sprachwissenschaft von *W. Brandenstein*. 2 Bände.
I: Einleitung, Lautsystem, Etymologie. 160 Seiten. 1954. (117)
II: Wortbildung und Formenlehre. 192 Seiten. 1959. (118/118a)
Geschichte der griechischen Sprache. 2 Bände.
I: Bis zum Ausgang der klassischen Zeit von *O. Hoffmann* †. 3. Auflage, bearbeitet von *A. Debrunner* †. 156 Seiten. 1953. (111)
II: Grundfragen und Grundzüge des nachklassischen Griechisch von *A. Debrunner* †. 144 Seiten. 1954. (114)
Geschichte der griechischen Literatur von *W. Nestle*. 2 Bände.
I: 3. Auflage, bearbeitet von *W. Liebich*. 144 Seiten. 1961. (70)
Grammatik der neugriechischen Volkssprache von *J. Kalitsunakis*. 3., völlig neubearbeitete und erweiterte Auflage. 1961. In Vorbereitung. (756/756a)
Neugriechisch-deutsches Gesprächsbuch von *J. Kalitsunakis*. 2. Auflage, bearbeitet von *A. Steinmetz*. 99 Seiten. 1960. (587)
Geschichte der lateinischen Sprache von *F. Stolz*. 4. Auflage von *A. Debrunner*. In Vorbereitung. (492)
Geschichte der römischen Literatur von *L. Bieler*. 2 Bände.
I: Die Literatur der Republik. 160 Seiten. 1961. (52)
II: Die Literatur der Kaiserzeit. 133 Seiten. 1961. (866)

Hebräisch, Sanskrit, Russisch

Hebräische Grammatik von *G. Beer* †. 2 Bände. 2., völlig neubearbeitete Auflage von *R. Meyer*.
I: Schrift-, Laut- und Formenlehre I. 3. Auflage. 157 Seiten. In Vorbereitung (763/763a)
II: Formenlehre II. Syntax und Flexionstabellen. 195 Seiten. 1955. (764/764a)
Hebräisches Textbuch zu *G. Beer-R. Meyer*, Hebräische Grammatik von *R. Meyer*. 170 Seiten. 1960. (769/769a)
Sanskrit-Grammatik von *M. Mayrhofer*. 89 Seiten. 1953. (1158)
Russische Grammatik von *E. Berneker* †. 6., verbesserte Auflage von *M. Vasmer*. 155 Seiten. 1961. (66)
Slavische Sprachwissenschaft von *H. Bräuer*. 2 Bände.
I: Einleitung, Lautlehre. 221 Seiten. 1961. (1191/1191a)

Erd- und Länderkunde

Afrika von *F. Jaeger*. Ein geographischer Überblick. 2 Bände. 2., umgearbeitete Auflage.
I: Der Lebensraum. 179 Seiten, 18 Abbildungen. 1954. (910)
II: Mensch und Kultur. 155 Seiten, 6 Abbildungen. 1954. (911)
Australien und Ozeanien von *H. J. Krug*. 176 Seiten, 46 Skizzen. 1953. (319)

Volkswirtschaft, Statistik, Publizistik

Allgemeine Betriebswirtschaftslehre von *K. Mellerowicz*. 4 Bände. 10., erweiterte und veränderte Auflage. (Bd. I, 11. Auflage)
I: 224 Seiten. 1961. (1008/1008 a) II: 188 Seiten. 1959. (1153/1153 a)
III: 260 Seiten. 1959. (1154/1154 a) IV: 209 Seiten. 1959. (1186/1186 a)
Diese 4 Bände sind auch in Ganzleinen gebunden zum Preise von je DM 6,30 lieferbar.

Geschichte der Volkswirtschaftslehre von *S. Wendt*. 182 Seiten. 1961. (1194)

Allgemeine Volkswirtschaftslehre von *A. Paulsen*. 4 Bände.
I: Grundlegung, Wirtschaftskreislauf. 3., durchgesehene und ergänzte Auflage. 148 Seiten. 1959. (1169)
II: Haushalte, Unternehmungen, Marktformen. 3., neubearbeitete Auflage. 166 Seiten, 32 Abbildungen. 1960. (1170)
III: Produktionsfaktoren. 2., neubearbeitete und ergänzte Auflage. 200 Seiten. 1961. (1171)
IV: Gesamtbeschäftigung, Konjunkturen, Wachstum. 2. Auflage. 172 Seiten. 1961. (1172)

Allgemeine Volkswirtschaftspolitik von *H. Ohm*. 2 Bände.
I: Systematisch-theoretische Grundlegung. In Vorbereitung. (1195)

Finanzwissenschaft von *H. Kolms*. 4 Bände.
I: Grundlegung, Öffentliche Ausgaben. 160 Seiten. 1959. (148)
II: Erwerbseinkünfte, Gebühren und Beiträge; Allgemeine Steuerlehre. 148 Seiten. 1960. (391)
III: Besondere Steuerlehre. In Vorbereitung. (776)
IV: Öffentlicher Kredit. Haushaltswesen. Finanzausgleich. In Vorbereitung. (782)

Finanzmathematik von *M. Nicolas*. 192 Seiten, 11 Tafeln, 8 Tabellen und 72 Beispiele. 1959. (1183/1183 a)

Industrie- und Betriebssoziologie von *R. Dahrendorf*. 2. Auflage. 120 Seiten. In Vorbereitung. (103)

Wirtschaftssoziologie von *F. Fürstenberg*. 122 Seiten. 1961. (1193)

Psychologie des Berufs- und Wirtschaftslebens von *W. Moede †*. 190 Seiten, 48 Abbildungen. 1958. (851/851 a)

Allgemeine Methodenlehre der Statistik von *J. Pfanzagl*. 2 Bände.
I: Elementare Methoden unter besonderer Berücksichtigung der Anwendungen in den Wirtschafts- und Sozialwissenschaften. 205 Seiten, 35 Abbildungen. 1960. (746/746 a)
II: Höhere Methoden unter besonderer Berücksichtigung der Anwendungen in Naturwissenschaft, Medizin und Technik. 295 Seiten. 1961. (747/747 a)

Zeitungslehre von *E. Dovifat*. 2 Bände. 3., neubearbeitete Auflage.
I: Theoretische und rechtliche Grundlagen — Nachricht und Meinung — Sprache und Form. 148 Seiten. 1955. (1039)
II: Redaktion — Die Sparten: Verlag und Vertrieb, Wirtschaft und Technik, Sicherung der öffentlichen Aufgabe. 158 Seiten. 1955. (1040)

Naturwissenschaften

Mathematik

Geschichte der Mathematik von *J. E. Hofmann*. 3 Bände.
I: Von den Anfängen bis zum Auftreten von **Fermat und Descartes**. 200 Seiten. 1953. (226)
II: Von Fermat und Descartes bis zur Erfindung des Calculus und bis zum Ausbau der neuen Methoden. 109 Seiten. 1957. (875)
III: Von den Auseinandersetzungen um den Calculus bis zur französischen Revolution. 107 Seiten. 1957. (882)

Mathematische Formelsammlung von *F. O. Ringleb*. 7., erweiterte Auflage. 320 Seiten, 40 Figuren. 1960. (51/51 a)

Vierstellige Tafeln und Gegentafeln für logarithmisches und trigonometrisches Rechnen in zwei Farben zusammengestellt von *H. Schubert* und *R. Haussner*. 3., neubearbeitete Auflage von *J. Erlebach*. 158 Seiten. 1960. (81)

Fünfstellige Logarithmen von *A. Adler*. Mit mehreren graphischen Rechentafeln und häufig vorkommenden Zahlenwerten. 3. Auflage. 127 Seiten, 1 Tafel. 1959. (423)

Arithmetik von *P. B. Fischer †*. 3. Auflage von *H. Rohrbach*. 152 Seiten, 19 Abbildungen. 1958. (47)

Höhere Algebra von *H. Hasse*. 2 Bände. 4., durchgesehene Auflage.
I: Lineare Gleichungen. 152 Seiten. 1957. (931)
II: Gleichungen höheren Grades. 158 Seiten, 5 Figuren. 1958. (932)

Aufgabensammlung zur höheren Algebra von *H. Hasse* und *W. Klobe*. 3., verbesserte und vermehrte Auflage. 181 Seiten. 1961. (1082)

Elementare und klassische Algebra vom modernen Standpunkt von *W. Krull*. 2 Bände.
I: 2., erweiterte Auflage. 136 Seiten. 1952. (930)
II: 132 Seiten. 1959. (933)

Algebraische Kurven und Flächen von *W. Burau*. 28 Figuren. 1961. In Vorbereitung. (435)

Einführung in die Zahlentheorie von *A. Scholz †*. Überarbeitet und herausgegeben von *B. Schoeneberg*. 3. Auflage. 128 Seiten. 1961. (1131)

Formale Logik von *P. Lorenzen*. 165 Seiten. 1958. (1176/1176 a)

Topologie von *W. Franz*. 2 Bände.
I: Allgemeine Topologie. 144 Seiten, 9 Figuren. 1960. (1181)

Elemente der Funktionentheorie von *K. Knopp †*. 5. Auflage. 144 Seiten, 23 Fig. 1959. (1109)

Funktionentheorie von *K. Knopp †*. 2 Bände.
I: Grundlagen der allgemeinen Theorie der analytischen Funktionen. 10., neubearbeitete Auflage. 144 Seiten, 8 Figuren. 1961. (668/668 a)
II: Anwendungen und Weiterführung der allgemeinen Theorie. 8./9. Auflage. 130 Seiten, 7 Figuren. 1955. (703)

Aufgabensammlung zur Funktionentheorie von *K. Knopp †*. 2 Bände.
I: Aufgaben zur elementaren Funktionentheorie. 6. Auflage. 135 Seiten. In Vorbereitung. (877)
II: Aufgaben zur höheren Funktionentheorie. 5. Auflage. 151 Seiten. 1959. (878)

Differential- und Integralrechnung von *M. Barner*. (Früher *Witting*). 4 Bände.
I: Grenzwertbegriff, Differentialrechnung. 176 Seiten. 1961. (86/86a)

Gewöhnliche Differentialgleichungen von *G. Hoheisel*. 6., neubearbeitete und erweiterte Auflage. 128 Seiten. 1960. (920)

Partielle Differentialgleichungen von *G. Hoheisel*. 4., durchgesehene Auflage. 128 Seiten. 1960. (1003)

Aufgabensammlung zu den gewöhnlichen und partiellen Differentialgleichungen von *G. Hoheisel*. 4., durchgesehene und verbesserte Auflage. 124 Seiten. 1958. (1059)

Integralgleichungen von *G. Hoheisel*. 2., durchgesehene Auflage. 1961. In Vorbereitung. (1099)

Mengenlehre von *E. Kamke*. 3., neubearbeitete Auflage. 194 Seiten, 6 Figuren. In Vorbereitung. (999/999a)

Gruppentheorie von *L. Baumgartner*. 3., neubearbeitete Auflage. 110 Seiten, 3 Tafeln. 1958. (837)

Ebene und sphärische Trigonometrie von *G. Hessenberg †*. 5. Auflage, durchgesehen von *H. Kneser*. 172 Seiten, 60 Figuren. 1957. (99)

Darstellende Geometrie von *W. Haack*. 3 Bände.
I: Die wichtigsten Darstellungsmethoden. Grund- und Aufriß ebenflächiger Körper. 3., durchgesehene und ergänzte Auflage. 113 Seiten, 120 Abbildungen. 1960. (142)
II: Körper mit krummen Begrenzungsflächen. Kotierte Projektionen. 2., durchgesehene und ergänzte Auflage. 129 Seiten, 86 Abbildungen. 1959. (143)
III: Axonometrie und Perspektive. 2. Auflage. 127 Seiten, 100 Abbildungen. In Vorbereitung. (144)

Analytische Geometrie von *K. P. Grotemeyer*. 2. Auflage. 202 Seiten, 73 Abbildungen. 1961. (65/65a)

Nichteuklidische Geometrie. Hyperbolische Geometrie der Ebene von *R. Baldus †*. Durchgesehen und herausgegeben von *F. Löbell*. 3., verbesserte Auflage. 140 Seiten, 70 Figuren. 1953. (970)

Differentialgeometrie von *K. Strubecker* (früher *Rothe*). 3 Bände.
I: Kurventheorie der Ebene und des Raumes. 150 Seiten, 18 Figuren. 1955. (1113/1113a)
II: Theorie der Flächenmetrik. 195 Seiten, 14 Figuren. 1958. (1179/1179a)
III: Theorie der Flächenkrümmung. 254 Seiten, 38 Figuren. 1959. (1180/1180a)

Variationsrechnung von *L. Koschmieder*. 2 Bände. 2., neubearbeitete Auflage.
1: Das freie und gebundene Extrem einfacher Grundintegrale. 128 Seiten. 23 Figuren. 1961. (1074)

Einführung in die konforme Abbildung von *L. Bieberbach*. 5., erweiterte Auflage. 180 Seiten, 42 Figuren. 1956. (768/768a)

Vektoren und Matrizen von *S. Valentiner*. 2. Auflage. (9., erweiterte Auflage der „Vektoranalysis"). Mit Anhang: Aufgaben zur Vektorrechnung von *H. König*. 202 Seiten, 35 Figuren. 1960. (354/354a)

Versicherungsmathematik von *F. Böhm*. 2 Bände.
I: Elemente der Versicherungsrechnung. 3., vermehrte und verbesserte Auflage. Durchgesehener Neudruck. 151 Seiten. 1953. (180)
II: Lebensversicherungsmathematik. Einführung in die technischen Grundlagen der Sozialversicherung. 2., verbesserte und vermehrte Auflage. 205 Seiten. 1953. (917/917a)

Finanzmathematik von *M. Nicolas.* 192 Seiten, 11 Tafeln, 8 Tabellen und 72 Beispiele. 1959. (1183/1183 a)

Physik

Einführung in die theoretische Physik von *W. Döring.* 5 Bände.
I: Mechanik. 2., verbesserte Auflage. 123 Seiten, 25 Abbildungen. 1960. (76)
II: Das elektromagnetische Feld. 2., verbesserte Auflage. 1961. In Vorbereitung. (77)
III: Optik. 117 Seiten, 32 Abbildungen. 1956. (78)
IV: Thermodynamik. 107 Seiten, 9 Abbildungen. 1956. (374)
V: Statistische Mechanik. 114 Seiten, 12 Abbildungen. 1957. (1017)

Mechanik deformierbarer Körper von *M. Päsler.* 199 Seiten, 48 Abbildungen. 1960. (1189/1189 a)

Atomphysik von *K. Bechert* und *Ch. Gerthsen †.* 7 Bände.
I: Allgemeine Grundlagen. 1. Teil. 4., durchgesehene Auflage von *A. Flammersfeld.* 124 Seiten, 35 Abbildungen. 1959. (1009)
II: Allgemeine Grundlagen. 2. Teil. 4. Auflage. 1961. In Vorber. (1033)
III: Theorie des Atombaus. 1. Teil. 4., umgearbeitete Auflage. 148 Seiten, 16 Abbildungen. 1961. In Vorbereitung (1123/1123 a)
IV: Theorie des Atombaus. 2. Teil. 3., umgearbeitete Auflage. 170 Seiten, 14 Abbildungen. 1954. (1165/1165 a)

Differentialgleichungen der Physik von *F. Sauter.* 3., durchgesehene und ergänzte Auflage. 148 Seiten, 16 Figuren. 1958. (1070)

Physikalische Formelsammlung von *G. Mahler †.* Neubearbeitet von *K. Mahler.* 10., durchgesehene Auflage. 153 Seiten, 69 Figuren. 1959. (136)

Physikalische Aufgabensammlung von *G. Mahler †.* Neu bearbeitet von *K. Mahler.* Mit den Ergebnissen. 11. Auflage. 127 Seiten. 1961. (243)

Chemie

Geschichte der Chemie in kurzgefaßter Darstellung von *G. Lockemann.* 2 Bände.
I: Vom Altertum bis zur Entdeckung des Sauerstoffs. 142 Seiten, 8 Bildnisse. 1950. (264)
II: Von der Entdeckung des Sauerstoffs bis zur Gegenwart. 151 Seiten, 16 Bildnisse. 1955. (265/265 a)

Anorganische Chemie von *W. Klemm.* 11. Auflage. 185 Seiten, 18 Abbildungen. 1960. (37)

Organische Chemie von *W. Schlenk.* 8., erweiterte Auflage. 272 Seiten, 16 Abbildungen. 1960. (38/38 a)

Physikalische Methoden der Organischen Chemie von *G. Kresze.* 1961. In Vorbereitung. (44/44a)

Allgemeine und physikalische Chemie von *W. Schulze.* 2 Bände.
I: 5., durchgesehene Auflage. 139 Seiten, 10 Figuren. 1960. (71)
II: 5., verbesserte Auflage. 178 Seiten, 37 Figuren. 1961. (698/698 a)

Versuche zur allgemeinen und physikalischen Chemie von *E. Dehn.* 1961. In Vorbereitung. (1201)

Molekülbau. Theoretische Grundlagen und Methoden der Strukturermittlung von *W. Schulze.* 123 Seiten, 43 Figuren. 1958. (786)

Physikalisch-chemische Rechenaufgaben von *E. Asmus.* 3., verbesserte Auflage. 96 Seiten. 1958. (445)

Maßanalyse. Theorie und Praxis der klassischen und der elektrochemischen Titrierverfahren von *G. Jander* und *K. F. Jahr.* 9., durchgesehene Auflage. 313 Seiten, 49 Figuren. 1961. (221/221 a)

Qualitative Analyse von *H. Hofmann* u. *G. Jander*. 308 Seiten, 5 Abbildungen. 1960. (247/247a)

Thermochemie von *W. A. Roth †*. 2., verbesserte Auflage. 109 Seiten, 16 Figuren. 1952. (1057)

Stöchiometrische Aufgabensammlung von *W. Bahrdt †* und *R. Scheer*. Mit den Ergebnissen. 7., durchgesehene Auflage. 119 Seiten. 1960. (452)

Elektrochemie und ihre physikalisch-chemischen Grundlagen von *A. Dassler*. 2 Bände.
II: 178 Seiten, 17 Abbildungen. 1950. (253)

Technologie

Die Chemie der Kunststoffe von *K. Hamann*, unter Mitarbeit von *W. Funke* und *H. D. Hermann*. 143 Seiten. 1960. (1173)

Warenkunde von *K. Hassak* und *E. Beutel †*. 2 Bände.
I: Anorganische Waren sowie Kohle und Erdöl. 8. Auflage. Neubearbeitet von *A. Kutzelnigg*. 119 Seiten, 18 Figuren. 1958. (222)
II: Organische Waren. 8. Auflage. Vollständig neubearbeitet von *A. Kutzelnigg*. 157 Seiten, 32 Figuren. 1959. (223)

Die Fette und Öle von *Th. Klug*. 6. Auflage. 143 Seiten. 1961. (335)

Die Seifenfabrikation von *K. Braun †*. 3., neubearbeitete und verbesserte Auflage von *Th. Klug*. 116 Seiten, 18 Abbildungen. 1953. (336)

Textilindustrie von *A. Blümcke*.
I: Spinnerei und Zwirnerei. 111 Seiten, 43 Abbildungen. 1954. (184)

Biologie

Einführung in die allgemeine Biologie und ihre philosophischen Grund- und Grenzfragen von *M. Hartmann*. 132 Seiten, 2 Abbildungen. 1956. (96)

Hormone von *G. Koller*. 2., neubearbeitete und erweiterte Auflage. 187 Seiten, 60 Abbildungen, 19 Tabellen. 1949. (1141)

Fortpflanzung im Tier- und Pflanzenreich von *J. Hämmerling*. 2., ergänzte Auflage. 135 Seiten, 101 Abbildungen. 1951. (1138)

Geschlecht und Geschlechtsbestimmung im Tier- und Pflanzenreich von *M. Hartmann*. 2., verbesserte Auflage. 116 Seiten, 61 Abbildungen, 7 Tabellen. 1951. (1127)

Symbiose der Tiere mit pflanzlichen Mikroorganismen von *P. Buchner*. 2., verbesserte und vermehrte Auflage. 130 Seiten, 121 Abbildungen. 1949. (1128)

Grundriß der Allgemeinen Mikrobiologie von *W.* u. *A. Schwartz*. 2 Bände. 2., verbesserte und ergänzte Auflage.
I: 147 Seiten, 25 Abbildungen. 1960. (1155)
II: 142 Seiten, 29 Abbildungen. 1961. (1157)

Botanik

Entwicklungsgeschichte des Pflanzenreiches von *H. Heil*. 2. Auflage. 138 Seiten, 94 Abbildungen, 1 Tabelle. 1950. (1137)

Morphologie der Pflanzen von *L. Geitler*. 3., umgearbeitete Auflage. 126 Seiten, 114 Abbildungen. 1953. (141)

NATURWISSENSCHAFTEN

Pflanzengeographie von *L. Diels †*. 5., völlig neubearbeitete Auflage von *F. Mattick*. 195 Seiten, 2 Karten. 1958. (389/389a)

Die Laubhölzer. Kurzgefaßte Beschreibung der in Mitteleuropa gedeihenden Laubbäume und Sträucher von *F. W. Neger †* und *E. Münch †*. 3., durchgesehene Auflage, herausgegeben von *B. Huber*. 143 Seiten, 63 Figuren, 7 Tabellen. 1950. (718)

Die Nadelhölzer (Koniferen) und übrigen Gymnospermen von *F. W. Neger †* und *E. Münch †*. 4. Auflage, durchgesehen und ergänzt von *B. Huber*. 140 Seiten 75 Figuren, 4 Tabellen, 3 Karten. 1952. (355)

Pflanzenzüchtung von *H. Kuckuck*. 2 Bände.

I: Grundzüge der Pflanzenzüchtung. 3., völlig umgearbeitete und erweiterte Auflage. 132 Seiten, 22 Abbildungen. 1952. (1134)

II: Spezielle gartenbauliche Pflanzenzüchtung (Züchtung von Gemüse, Obst und Blumen). 178 Seiten, 27 Abbildungen. 1957. (1178/1178a)

Zoologie

Entwicklungsphysiologie der Tiere von *F. Seidel*. 2 Bände.

I: Ei und Furchung. 126 Seiten, 29 Abbildungen. 1953. (1162)

II: Körpergrundgestalt und Organbildung. 159 Seiten, 42 Abbildungen. 1953. (1163)

Das Tierreich

I: Einzeller, Protozoen von *E. Reichenow*. 115 Seiten, 59 Abbildungen. 1956. (444)

II: Schwämme und Hohltiere von *H. J. Hannemann*. 95 Seiten, 80 Abbildungen. 1956. (442)

III: Würmer. Platt-, Hohl-, Schnurwürmer, Kamptozoen, Ringelwürmer, Protracheaten, Bärtierchen, Zungenwürmer von *S. Jaeckel*. 114 Seiten, 36 Abbildungen. 1955. (439)

IV, 1: Krebse von *H. E. Gruner* und *K. Deckert*. 114 Seiten, 43 Abbildungen. 1956. (443)

IV, 2: Spinnentiere (Trilobitomorphen, Fühlerlose) und Tausendfüßler von *A. Kaestner*. 96 Seiten, 55 Abbildungen. 1955. (1161)

IV, 3: Insekten von *H. von Lengerken*. 128 Seiten, 58 Abbildungen. 1953. (594)

V: Weichtiere. Urmollusken, Schnecken, Muscheln und Kopffüßer von *S. Jaeckel*. 92 Seiten, 34 Abbildungen. 1954. (440)

VI: Stachelhäuter. Tentakulaten, Binnenatmer und Pfeilwürmer von *S. Jaeckel*. 100 Seiten, 46 Abbildungen. 1955. (441)

VII, 1: Manteltiere, Schädellose, Rundmäuler von *Th. Haltenorth*. In Vorbereitung. (448)

VII, 2: Fische von *D. Lüdemann*. 130 Seiten, 65 Abbildungen. 1955. (356)

VII, 3: Lurche (Chordatiere) von *K. Herter*. 143 Seiten, 129 Abbildungen. 1955. (847)

VII, 4: Kriechtiere (Chordatiere) von *K. Herter*. 200 Seiten, 142 Abbildungen. 1960. (447/447a)

VII, 5: Vögel (Chordatiere) von *H.-A. Freye*. 156 Seiten, 69 Figuren. 1960. (869)

VII, 6: Säugetiere (Chordatiere) von *Th. Haltenorth*. In Vorbereitung. (282)

Land- und Forstwirtschaft

Landwirtschaftliche Tierzucht. Die Züchtung und Haltung der landwirtschaftlichen Nutztiere von *H. Vogel*. 139 Seiten, 11 Abbildungen. 1952. (228)

Kulturtechnische Bodenverbesserungen von *O. Fauser.* 2 Bände. 5., verbesserte und vermehrte Auflage.
I: Allgemeines, Entwässerung. 127 Seiten, 49 Abbildungen. 1959. (691)
II: Bewässerung, Ödlandkultur, Flurbereinigung. 159 Seiten, 71 Abbildungen. 1961. (692)
Agrikulturchemie von *K. Scharrer.* 2 Bände.
I: Pflanzenernährung. 143 Seiten. 1953. (329)
II: Futtermittelkunde. 192 Seiten. 1956. (330/330a)

Geologie, Mineralogie, Kristallographie

Geologie von *F. Lotze.* 2., verbesserte Auflage. 178 Seiten, 80 Abbildungen. 1951. (13)
Mineral- und Erzlagerstättenkunde von *H. Huttenlocher †.* 2 Bände.
I: 2. Auflage. 128 Seiten, 34 Abbildungen. In Vorbereitung. (1014)
II: 156 Seiten, 48 Abbildungen. 1954. (1015/1015a)
Allgemeine Mineralogie. 10., erweiterte Auflage der „Mineralogie" von *R. Brauns †*, bearbeitet von *K. F. Chudoba.* 120 Seiten, 120 Figuren, 1 Tafel, 3 Tabellen. 1958. (29)
Spezielle Mineralogie. 10., erweiterte Auflage der „Mineralogie" von *R. Brauns †*, bearbeitet von *K. F. Chudoba.* 170 Seiten, 125 Figuren, 4 Tabellen. 1959. (31/31a)
Petrographie (Gesteinskunde) von *W. Bruhns †.* Neubearbeitet von *P. Ramdohr.* 5., erweiterte Auflage. 141 Seiten, 10 Figuren. 1960. (173)
Kristallographie von *W. Bruhns †.* 5. Auflage, neubearbeitet von *P. Ramdohr.* 109 Seiten, 164 Abbildungen. 1958. (210)
Einführung in die Kristalloptik von *E. Buchwald.* 4., verbesserte Auflage. 138 Seiten, 121 Figuren. 1952. (619)
Lötrohrprobierkunde. Mineraldiagnose mit Lötrohr- und Tüpfelreaktion. Von *M. Henglein.* 4., verbesserte Auflage. 91 Seiten, 11 Figuren. 1961. (483)

Technik

Graphische Darstellung in Wissenschaft und Technik von *M. Pirani.* 3., erweiterte Auflage bearbeitet von *J. Fischer* unter Benutzung der von *I. Runge* besorgten 2. Auflage. 216 Seiten, 104 Abbildungen. 1957. (728/728a)
Technische Tabellen und Formeln von *W. Müller.* 5., verbesserte und erweiterte Auflage von *E. Schulze.* 1961. In Vorbereitung. (579)
Grundlagen der Straßenverkehrstechnik von *E. Engel.* 1961. In Vorbereitung. (1198)

Elektrotechnik

Grundlagen der allgemeinen Elektrotechnik von *O. Mohr.* 2., durchgesehene Auflage. 260 Seiten, 136 Bilder, 14 Tafeln. 1961. (196/196a)
Die Gleichstrommaschine von *K. Humburg.* 2 Bände. 2., durchgesehene Auflage.
I: 102 Seiten, 59 Abbildungen. 1956. (257)
II: 101 Seiten, 38 Abbildungen. 1956. (881)
Die Synchronmaschine von *W. Putz.* 109 Seiten, 78 Abbildungen. 1961. (1146)
Induktionsmaschinen von *F. Unger.* 2., erweiterte Auflage. 142 Seiten, 49 Abbildungen. 1954. (1140)

Die komplexe Berechnung von Wechselstromschaltungen von *H. H. Meinke.* 2. Auflage. 180 Seiten, 120 Abbildungen. 1957. (1156/1156a)

Theoretische Grundlagen zur Berechnung der Schaltgeräte von *F. Kesselring.* 3. Auflage. 144 Seiten, 92 Abbildungen. 1950. (711)

Einführung in die Technik selbsttätiger Regelungen von *W. zur Megede.* 2., durchgesehene Auflage. 180 Seiten, 86 Abbildungen. 1961. (714/714a)

Elektromotorische Antriebe (Grundlagen für die Berechnung) von *A. Schwaiger.* 3., neubearbeitete Auflage. 96 Seiten, 34 Abbildungen. 1952. (827)

Überspannungen und Überspannungsschutz von *G. Frühauf.* Durchgesehener Neudruck. 122 Seiten, 98 Abbildungen. 1950. (1132)

Maschinenbau

Metallkunde von *H. Borchers.* 2 Bände.
I: Aufbau der Metalle und Legierungen. 5. Auflage. 120 Seiten, 90 Abbildungen, 2 Tabellen. In Vorbereitung. (432)
II: Eigenschaften, Grundzüge der Form- und Zustandsgebung. 3. und 4. Auflage. 179 Seiten, 107 Abbildungen, 10 Tabellen. 1959. (433/433a)

Die Werkstoffe des Maschinenbaues von *A. Thum †* und *C. M. v. Meysenbug.* 2 Bände.
I: Einführung in die Werkstoffprüfung. 2., neubearbeitete Auflage. 100 Seiten, 7 Tabellen, 56 Abbildungen. 1956. (476)
II: Die Konstruktionswerkstoffe. 132 Seiten, 40 Abbildungen. 1959. (936)

Dynamik von *W. Müller.* 2 Bände. 2., verbesserte Auflage.
I: Dynamik des Einzelkörpers. 128 Seiten, 48 Figuren. 1952. (902)
II: Systeme von starren Körpern. 102 Seiten, 41 Figuren. 1952. (903)

Technische Schwingungslehre von *L. Zipperer.* 2 Bände. 2., neubearbeitete Auflage.
I: Allgemeine Schwingungsgleichungen, einfache Schwinger. 120 Seiten, 101 Abbildungen. 1953. (953)
II: Torsionsschwingungen in Maschinenanlagen. 102 Seiten, 59 Abbildungen. 1955. (961/961a)

Werkzeugmaschinen für Metallbearbeitung von *K. P. Matthes.* 2 Bände.
I: 100 Seiten, 27 Abbildungen, 11 Zahlentafeln, 1 Tafelanhang. 1954. (561)
II: Fertigungstechnische Grundlagen der neuzeitlichen Metallbearbeitung. 101 Seiten, 30 Abbildungen, 5 Tafeln. 1955. (562)

Transformatoren von *W. Schäfer.* 3., überarbeitete und ergänzte Auflage. 130 Seiten, 73 Abbildungen. 1957. (952)

Das Maschinenzeichnen mit Einführung in das Konstruieren von *W. Tochtermann.* 2 Bände. 4. Auflage.
I: Das Maschinenzeichnen. 156 Seiten, 75 Tafeln. 1950. (589)
II: Ausgeführte Konstruktionsbeispiele. 130 Seiten, 58 Tafeln. 1950. (590)

Die Maschinenelemente von *E. A. vom Ende.* 4., verbesserte Auflage. 166 Seiten. 175 Figuren, 9 Tafeln. In Vorbereitung. (3/3a)

Die Maschinen der Eisenhüttenwerke von *L. Engel.* 156 Seiten, 95 Abbildungen. 1957. (583/583a)

Walzwerke von *H. Sedlaczek* † unter Mitarbeit von *F. Fischer* und *M. Buch.* 232 Seiten, 157 Abbildungen. 1958. (580/580a)

Getriebelehre von *P. Grodzinski* †. 2 Bände.
I: Geometrische Grundlagen. 3., neubearbeitete Auflage von *G. Lechner.* 164 Seiten, 131 Figuren. 1960. (1061)

Gießereitechnik von *H. Jungbluth.* 2 Bände.
I: Eisengießerei. 126 Seiten, 44 Abbildungen. 1951. (1159)

Die Dampfturbinen. Ihre Wirkungsweise, Berechnung und Konstruktion von *C. Zietemann.* 3 Bände. 3., verbesserte Auflage.
I: Theorie der Dampfturbinen. 139 Seiten, 48 Abbildungen. 1955. (274)
II: Die Berechnung der Dampfturbinen und die Konstruktion der Einzelteile. 132 Seiten, 111 Abbildungen. 1956. (715)
III: Die Regelung der Dampfturbinen, die Bauarten, Turbinen für Sonderzwecke, Kondensationsanlagen. 126 Seiten, 90 Abbildungen. 1956. (716)

Verbrennungsmotoren von *W. Endres.* 3 Bände.
I: Überblick. Motor-Brennstoffe. Verbrennung im Motor allgemein, im Otto- und Diesel-Motor. 153 Seiten, 57 Abbildungen. 1958. (1076/1076a)
II: Die heutigen Typen der Verbrennungskraftmaschine. In Vorbereitung. (1184)
III: Die Einzelteile des Verbrennungsmotors. In Vorbereitung. (1185)

Autogenes Schweißen und Schneiden von *H. Niese.* 5. Auflage, neubearbeitet von *A. Küchler.* 136 Seiten, 71 Figuren. 1953. (499)

Die elektrischen Schweißverfahren von *H. Niese.* 2. Auflage, neubearbeitet von *H. Dienst.* 136 Seiten, 58 Abbildungen. 1955. (1020)

Die Hebezeuge. Entwurf von Winden und Kranen von *G. Tafel.* 2., verbesserte Auflage. 176 Seiten, 230 Figuren. 1954. (414/414a)

Wasserbau

Wasserkraftanlagen von *A. Ludin* unter Mitarbeit von *W. Borkenstein.* 2 Bände.
I: Planung, Grundlagen und Grundzüge. 124 Seiten, 60 Abbildungen. 1955. (665)
II: Anordnung und Ausbildung der Hauptbauwerke. 184 Seiten, 91 Abbildungen. 1958. (666/666a)

Verkehrswasserbau von *H. Dehnert.* 3 Bände.
I: Entwurfsgrundlagen, Flußregelungen. 103 Seiten, 52 Abbildungen. 1950. (585)
II: Flußkanalisierung und Schiffahrtskanäle. 94 Seiten, 60 Abbildungen. 1950. (597)
III: Schleusen und Hebewerke. 98 Seiten, 70 Abbildungen. 1950. (1152)

Wehr- und Stauanlagen von *H. Dehnert.* 134 Seiten, 90 Abbildungen. 1952. (965)

Talsperren von *F. Tölke.* 122 Seiten, 70 Abbildungen. 1953. (1044)

Hoch- und Tiefbau

Die wichtigsten Baustoffe des Hoch- und Tiefbaus von *O. Graf †*. 4., verbesserte Auflage. 131 Seiten, 63 Abbildungen. 1953. (984)

Baustoffverarbeitung und Baustellenprüfung des Betons von *A. Kleinlogel*. 2., neubearbeitete und erweiterte Auflage. 126 Seiten, 35 Abbildungen. 1951. (978)

Festigkeitslehre. 2 Bände.
I: Elastizität, Plastizität und Festigkeit der Baustoffe und Bauteile von *W. Gehler †* und *W. Herberg*. Durchgesehener und erweiterter Neudruck. 159 Seiten, 118 Abbildungen. 1952. (1144)
II: Formänderung, Platten, Stabilität und Bruchhypothesen von *W. Herberg* und *N. Dimitrov*. 187 Seiten, 94 Abbildungen. 1955. (1145/1145a)

Grundlagen des Stahlbetonbaus von *A. Troche*. 2., neubearbeitete und erweiterte Auflage. 208 Seiten, 75 Abbildungen, 17 Bemessungstafeln, 20 Rechenbeispiele. 1953. (1078)

Statik der Baukonstruktionen von *A. Teichmann*. 3 Bände.
I: Grundlagen. 101 Seiten, 51 Abbildungen, 8 Formeltafeln. 1956. (119)
II: Statisch bestimmte Stabwerke. 107 Seiten, 52 Abbildungen, 7 Tafeln. 1957. (120)
III: Statisch unbestimmte Systeme. 112 Seiten, 34 Abbildungen, 7 Formeltafeln. 1958. (122)

Fenster, Türen, Tore aus Holz und Metall. Eine Anleitung zu ihrer guten Gestaltung, wirtschaftlichen Bemessung und handwerksgerechten Konstruktion von *W. Wickop †*. 4., überarbeitete und ergänzte Auflage. 155 Seiten, 95 Abbildungen. 1955. (1092)

Heizung und Lüftung von *W. Körting*. 2 Bände. 9., neubearbeitete Auflage.
I: Das Wesen und die Berechnung der Heizungs- und Lüftungsanlagen. 1961. In Vorbereitung. (342)
II: Die Ausführung der Heizungs- und Lüftungsanlagen. 1961. In Vorbereitung. (343)

Industrielle Kraft- und Wärmewirtschaft von *F. A. F. Schmidt* und *A. Beckers*. 167 Seiten, 73 Abbildungen. 1957. (318/318a)

Vermessungswesen

Vermessungskunde von *P. Werkmeister*. 3 Bände.
I: Stückvermessung und Nivellieren. 11., völlig neubearbeitete Auflage von *W. Grossmann*. 143 Seiten, 117 Figuren. In Vorbereitung. (468)
II: Horizontalaufnahmen und ebene Rechnungen. 8., völlig neubearbeitete Auflage von *W. Grossmann*. 133 Seiten, 97 Figuren. 1959. (469)
III: Trigonometrische und barometrische Höhenmessung. Tachymetrie und Absteckungen. 7., völlig neubearbeitete Auflage von *W. Grossmann*. 136 Seiten, 97 Figuren. 1960. (862)

Photogrammetrie von *G. Lehmann*. 189 Seiten, 132 Abbildungen. 1959. (1188/1188a)

Sammlung Göschen / Bandnummernfolge

1 Langosch, Der Nibelunge Nôt
3/3a v. Ende, Maschinenelemente
10 Jiriczek-Wisniewski, Kudrun- und Dietrich-Epen
13 Lotze, Geologie
18 Maurer, Hartmann von Aue. Der arme Heinrich
19 Altheim, Römische Geschichte I
20 Hofstaetter, Dt. Sprachlehre
22 Maurer, Gottfried von Strassburg
29 Brauns-Chudoba, Allg. Mineralog.
31/31a Brauns-Chudoba, Spez. Mineralogie
35 Treue, Dt. Geschichte von 1648 bis 1740
37 Klemm, Anorganische Chemie
38/38a Schlenk, Organische Chemie
39 Treue, Dt. Geschichte von 1713 bis 1806
42 Behn-Hoernes, Vorgesch. Europas
44/44a Kresze, Physikalische Methoden der organischen Chemie
47 Fischer-Rohrbach, Arithmetik
51/51a Ringleb, Mathem. Formelslg.
52 Bieler, Röm. Literaturgesch. I
59 Krahe, Indog. Sprachwiss. I
60 Biehle, Stimmkunde
61 Biehle, Redetechnik
64 Krahe, Indog. Sprachwiss. II
65/65a Grotemeyer, Analyt. Geomet.
66 Berneker-Vasmer, Russische Grammatik
70 Nestle-Liebich, Gesch. d. griech. Literatur I
71 Schulze, Allgemeine und physikalische Chemie I
76 Döring, Einf. i. d. th. Physik I
77 Döring, Einf. i. d. th. Physik II
78 Döring, Einf. i. d. th. Physik III
79/79a Hempel, Got. Elementarbuch
80 Weigert, Stilkunde I
81 Schubert-Haussner-Erlebach, Vierstell. Logarithmentafeln
86/86a Barner, Differential- u. Integralrechn. I
96 Hartmann, Einf. in die allgem. Biologie
99 Hessenberg-Kneser, Ebene und sphär. Trigonometrie
101 v. Wiese, Soziologie
103 Dahrendorf, Industrie- und Betriebssoziologie
104/104a Hofstätter, Sozialpsycholog.
111 Hoffmann-Debrunner, Gesch. der griechischen Sprache I
114 Debrunner, Gesch. der griechisch. Sprache II
117 Brandenstein, Griechische Sprachwissenschaft I
118/118a Brandenstein, Griechische Sprachwissenschaft II
119 Teichmann, Statik der Baukonstruktionen I
120 Teichmann, Statik der Baukonstruktionen II
122 Teichmann, Statik der Baukonstruktionen III
125 Vossler-Noyer-Weidner, Ital. Literaturgeschichte
128/128a Lausberg, Romanische Sprachwissenschaft I
136 Mahler, Physikal. Formelslg.
141 Geitler, Morphologie der Pflanzen
142 Haack, Darstellende Geometrie I
143 Haack, Darstellende Geometrie II
144 Haack, Darstellende Geometrie III
145 Weimer, Gesch. der Pädagogik
148 Kolms, Finanzwissenschaft I
156/156a Landmann, Philosophische Anthropologie
170 Oehlmann, Musik des 19. Jhs.
171/171a Oehlmann, Musik des 20. Jhs.
173 Bruhns-Ramdohr, Petrographie
180 Böhm, Versicherungsmathem. I
184 Blümcke, Textilindustrie I
196/196a Mohr, Grundlagen der Elektrotechnik
200/200a Gottschald, Dt. Rechtschreibungswörterbuch
210 Bruhns-Ramdohr, Kristallogr.
220/220a Moser, Allg. Musiklehre
221/221a Jander-Jahr, Maßanalyse
222 Hassak-Beutel-Kutzelnigg, Warenkunde I
223 Hassak-Beutel-Kutzelnigg, Warenkunde II
226 Hofmann, Gesch. d. Mathem. I
228 Vogel, Landw. Tierzucht
231/231a Ehrlich, Geschichte Israels
238 Krahe, German. Sprachwiss. I
243 Mahler, Physikal. Aufgabenslg.
247/247a Hofmann-Jander, Qualitative Analyse

BANDNUMMERNFOLGE

250 Lausberg, Romanische Sprachwissenschaft II
253 Dassler, Elektrochemie II
257 Humburg, Gleichstrommaschine I
264 Lockemann, Gesch. d. Chemie I
265/265a Lockemann, Geschichte der Chemie II
270 Kirn, Einführung in die Geschichtswissenschaft
274 Zietemann, Dampfturbinen I
279 Jacob-Hohenleutner, Quellenkde. der deutschen Geschichte I
280 Jacob-Hohenleutner, Quellenkde. der deutschen Geschichte II
281 Leisegang, Einführung in die Philosophie
282 Haltenorth, Säugetiere
284 Jacob-Weden, Quellenkunde der deutschen Geschichte III
318/318a Schmidt-Beckers, Industrielle Kraft- u. Wärmewirtschaft
319 Krug, Australien und Ozeanien
329 Scharrer, Agrikulturchemie I
330/330a Scharrer, Agrikulturchem. II
335 Klug, Fette und Öle
336 Braun-Klug, Seifenfabrikation
342 Körting, Heizung und Lüftung I
343 Körting, Heizung und Lüftung II
344 Moser, Musikästhetik
354/354a Valentiner-König, Vektoren und Matrizen
355 Neger-Münch-Huber, Nadelhölzer
356 Lüdemann, Fische
374 Döring, Einführung in die theoret. Physik IV
375 Preller, Geschichte Englands I
389/389a Diels-Mattick, Pflanzengeographie
391 Kolms, Finanzwissenschaft II
394/394a Schilling, Von der Renaissance bis Kant
414/414a Tafel, Hebezeuge
422 Gottschald, Dt. Personennamen
423 Adler, Fünfstellige Logarithmen
432 Borchers, Metallkunde I
433/433a Borchers, Metallkunde II
435 Burau, Algebr. Kurven u. Flächen
439 Jaeckel, Würmer
440 Jaeckel, Weichtiere
441 Jaeckel, Stachelhäuter
442 Hannemann, Schwämme und Hohltiere
443 Gruner-Deckert, Krebse
444 Reichenow, Einzeller
445 Asmus, Physikal.-chem. Rechenaufgaben
447/447a Herter, Kriechtiere
448 Haltenorth, Manteltiere
452 Bahrdt-Scheer, Stöchiometrische Aufgabensammlung
468 Werkmeister-Grossmann, Vermessungskunde I
469 Werkmeister-Grossmann, Vermessungskunde II
476 Thum-Meysenbug, Die Werkstoffe des Maschinenbaues I
483 Henglein, Lötrohrprobierkunde
492 Stolz-Debrunner, Geschichte der latein. Sprache
499 Niese-Küchler, Autogenes Schweißen
500 Simmel, Hauptprobleme der Philosophie
536 Lehmann, Kant
538 Rumpf, Archäologie I
539 Rumpf, Archäologie II
561 Matthes, Werkzeugmaschinen I
562 Matthes, Werkzeugmaschinen II
564 Behn-Hoernes, Kultur der Urzeit I
565 Behn-Hoernes, Kultur d. Urzeit II
566 Behn-Hoernes, Kultur d. Urzeit III
571 Lehmann, Philosophie d. 19. Jh. I
576/576a Moser, Gesangskunst
579 Müller-Schulze, Techn. Tabellen
580/580a Sedlaczek-Fischer-Buch, Walzwerke
583/583a Engel, Maschinen der Eisenhüttenwerke
585 Dehnert, Verkehrswasserbau I
587 Kalitsunakis-Steinmetz, Neugriech.-dt. Gesprächsbuch
589 Tochtermann, Maschinenzeichnen I
590 Tochtermann, Masch.-Zeichnen II
594 v. Lengerken, Insekten
597 Dehnert, Verkehrswasserbau II
601 Mutschmann, Engl. Phonetik
619 Buchwald, Kristalloptik
665 Ludin-Borkenstein, Wasserkraftanlagen I
666/666a Ludin-Borkenstein, Wasserkraftanlagen II
668/668a Knopp, Funktionentheorie I
677 Altheim, Röm. Geschichte II

BANDNUMMERNFOLGE

Autorenregister

AUTORENREGISTER

FSC
www.fsc.org
MIX
Papier | Fördert gute Waldnutzung
FSC® C083411

Kolibri 360 GmbH
Ferdinand-Jühlke-Straße 7
99095 Erfurt, Deutschland
produktsicherheit@kolibri360.de